ERROS INCRÍVEIS

PAUL SCHOEMAKER

ERROS INCRÍVEIS

Tradução
Vicky Adler

ELSEVIER

CAMPUS

Do original: *Brilliant Mistakes*
Tradução autorizada do idioma inglês da edição publicada por Wharton Digital Press

Copidesque: Shirley Lima da Silva Braz
Revisão: Jayme Teotônio Borges Luiz e Roberta Borges
Editoração Eletrônica: Estúdio Castellani

Elsevier Editora Ltda.
Conhecimento sem Fronteiras
Rua Sete de Setembro, 111 – 16º andar
20050-006 – Centro – Rio de Janeiro – RJ – Brasil

Rua Quintana, 753 – 8º andar
04569-011 – Brooklin – São Paulo – SP – Brasil

Serviço de Atendimento ao Cliente
0800-0265340
sac@elsevier.com.br

ISBN 978-85-352-6700-6
Edição original: ISBN: 978-1-61363-011-2

Nota: Muito zelo e técnica foram empregados na edição desta obra. No entanto, podem ocorrer erros de digitação, impressão ou dúvida conceitual. Em qualquer das hipóteses, solicitamos a comunicação ao nosso Serviço de Atendimento ao Cliente, para que possamos esclarecer ou encaminhar a questão.

Nem a editora nem o autor assumem qualquer responsabilidade por eventuais danos ou perdas a pessoas ou bens, originados do uso desta publicação.

CIP-Brasil. Catalogação na fonte
Sindicato Nacional dos Editores de Livros, RJ

S39e Schoemaker, Paul
Erros incríveis: por que o maior de todos os equívocos pode gerar resultados de alto impacto / Paul Schoemaker; tradução: Vicky Adler. – Rio de Janeiro: Elsevier, 2012.
21 cm. (Profissional Wharton; 2)

Tradução de: Brilliant mistakes
ISBN 978-85-352-6700-6

1. Eficiência organizacional. 2. Erros. 3. Sucesso. I. Título. II. Série.

12-8278. CDD: 658.4
CDU: 005.5

Dedicatória *in memoriam*

Este livro é dedicado à memória de Robert E. Gunther. Ao longo das décadas, Robert e eu colaboramos em três livros anteriores e vários artigos. Ele também prestou inestimável apoio editorial em inúmeros outros projetos. Pelo caminho, tornou-se um amigo querido. Em 2006, fomos coautores de um artigo para a *Harvard Business Review* intitulado "The Wisdom of Deliberate Mistakes". Foi o artigo que deu impulso a este livro.

Robert e eu trabalhamos como coautores por mais de um ano para conceitualizar *Erros incríveis* como livro. Esperávamos produzir um livro popular, que atingisse o público. Com a generosa ajuda especializada de nossa agente literária Jill Marsal, colaboramos na proposta e nas linhas gerais de cada capítulo. Infelizmente, Robert morreu no verão de 2009, antes que a proposta estivesse pronta. Ao mesmo tempo, o mercado editorial sofreu um declínio, o que atrasou ainda mais a conclusão.

Acredito que Robert teria aprovado *Erros incríveis* em sua nova forma. À medida que reescrevia o manuscrito, senti falta de sua mente aguçada, da formulação de suas frases, de sua profunda curiosidade e notável ética de trabalho. Acima de tudo, sinto falta de sua amizade. Por mais difícil que tenha sido lidar com sua perda e seguir adiante, sou grato à oportunidade que tive de trabalhar com Robert e testemunhar a força, a dignidade e a coragem demonstradas em sua luta contra uma doença terrível. Estou feliz – o projeto que começamos juntos, afinal, se tornou realidade, em benefício de sua família e memória.

Agradecimentos

Como observado na dedicatória *in memoriam*, devo muito a Robert E. Gunther, com quem desenvolvi uma proposta do livro sobre erros incríveis há vários anos. Naqueles dias, Robert e eu recebemos valiosa orientação editorial e o incentivo de Jill Marsal como nossa agente literária. Após a trágica e prematura morte de Robert em 2009, contei com a plena cooperação de sua esposa, Cindie Wisting Gunther, enquanto tentava relançar o projeto do livro numa direção um pouco diferente. Perto do estágio final, muito me beneficiou a excelente edição de Gretchen Anderson, que, gentilmente, tem atuado como uma "editora cruel" (palavras dela) muito necessária. Gretchen retrabalhou cada capítulo meticulosamente e fez o fluxo do livro captar a essência de meus pontos de vista de maneira acessível. Também sou grato pelo feedback construtivo de minha esposa, Joyce, e filha, Kim, que leram várias versões e, ajudaram, a cada vez, a melhorar o projeto.

À medida que o manuscrito evoluía, recebi valioso feedback de Russell Ackoff, Jackie Gnepp, Robin Hogarth, Josh Klayman, J. Edward Russo, Jeremy Schoemaker, Alan Shapiro, Scott Snyder e Anthonie Zoomers. Josh Klayman concentrou-se especialmente nas bases mais profundas do livro, enfatizando que os erros constituem uma classe especial de surpresas. Meu primo Jeremy Schoemaker mergulhou fundo no manuscrito enquanto o furacão Irene se abatia sobre Princeton, New Jersey, e ofereceu comentários cheios de insights sobre muitos capítulos. Vários colegas de nossa empresa Decision Strategies International (www.decisionstrat.com) também tiveram a amabilidade de rever versões anteriores, incluindo Guy Davis, Rob-Jan de Jong, Eric Lerch, Viraj Narayanan, Roch Parayre, Camelia Ram, Jarrad Roeder, Franklin Shen, Eric Strang e Aghogho Ughwanogho. Seus comentários destacaram pontos práticos, bem como conceituais, e sou grato por suas sugestões sobre como aplicar o insight do livro nos negócios.

Por último, mas não menos importante, tive excelente feedback e apoio do professor de Wharton Steve Kobrin e Shannon Berning enquanto ambos estavam em meio ao lançamento da Wharton Digital Press. Eles foram muito além de suas funções de editor e editor-executivo, respectivamente, e me ajudaram a moldar o manuscrito de um rascunho para um trabalho mais polido e convincente. Reconheceram caminhos promissores e sinalizaram desvios desnecessários quando vários rascunhos pousavam em suas mesas. A cada vez, seus conselhos eram perspicazes, construtivos e práticos, mantendo o público-alvo em mente durante todo o tempo. Agradeço a todos a generosa ajuda, não responsabilizando ninguém por quaisquer imperfeições ou defeitos que tenham restado.

O Autor

Paulo J.H. Schoemaker é pioneiro no campo da ciência da decisão e está entre os primeiros a combinar as ideias centrais da teoria da decisão, economia comportamental, planejamento de cenários, teoria da decisão e de gestão de risco em um conjunto de ferramentas estratégicas para a tomada de decisão de gestores. Ele é coautor de um livro que é marco sobre o assunto, *Decisões vencedoras* (Campus, 2002), com J. Edward Russo. Paul também é fundador e CEO da Decision Strategies International, Inc. (www.decisionstrat.com). Dedicado educador, é diretor de pesquisa do Mack Center para a Inovação Tecnológica na Wharton School da University of Pennsylvania, foi professor na University of Chicago por 12 anos e proferiu mais de 100 palestras e seminários executivos ao redor do mundo.

Foi coautor de vários livros, incluindo *Profiting from Uncertainty* (Free Press, 2002), *Visão periférica: como perceber os indícios*, com George Day (Bookman, 2007), e *Chips, Clones and Living Beyond 100, com Joyce* Shoemaker (Pearson Ltd., 2009). Já escreveu mais de 100 trabalhos acadêmicos publicados em diversas revistas, como *Harvard Business Review*, o *Journal of Mathematical Psychology*, *Management Science*, *Journal of Risk and Uncertainty*, *Behavioral and Brain Sciences* e *Journal of Economic Literature*. Seus escritos aparecem em pelo menos 14 idiomas. Seus artigos acadêmicos são classificados no topo das citações acadêmicas globais, segundo o International Science Index (www.ISIHighlyCited.

com). Dez anos após ter aparecido, seu artigo de 1995, "Scenario Planning", foi a segunda publicação mais reimpressa nos 50 anos de história do *MIT Sloan Management Review*.

Paul também atua como presidente de duas empresas de propriedade familiar: uma é de distribuição atacadista com sede em Ohio, que vende sal, emoliente de água, matéria vegetal em decomposição e produtos relacionados (*www.publicsalt.com*). A outra é especializada em aditivos alimentares com sede na Holanda; oferece misturas personalizadas e ingredientes para carne e peixe, e para a indústria de laticínios na Europa (www.vaessenschoemaker.nl). Além disso, Paul foi membro do Conselho da Decision Education Foundation (www.decision-education.org) e continua a apoiar essa organização filantrópica, que ensina habilidades de tomada de decisão a adolescentes, em parceria com várias escolas americanas de ensino médio em todo o país. Nativo da Holanda, Paul mora na Costa Leste com a esposa, Joyce, e os dois filhos.

Prefácio

Erros... são os portais da descoberta.

JAMES JOYCE[1]

Se já tiver voado em um avião, tomado um antibiótico ou usado a eletricidade de uma usina nuclear, você já experimentou o poder dos erros. Cada uma dessas inovações resultou de um flash ou dois de insights incríveis e muitos, muitos anos de respostas erradas, becos sem saída e tropeços.[2]

O malfadado voo em Kitty Hawk mostrou como uma ideia que parecia impossível pôde ser realizada pelos irmãos Wright. A descoberta acidental da penicilina por Alexander Fleming – o primeiro e mais bem-sucedido antibiótico do mundo – envolveu um laboratório desmazelado, uma percepção aguçada e uma mente excepcionalmente bem preparada. Cientistas trabalharam por décadas para aproveitar a energia nuclear, a começar pelo artigo de Einstein de 1905, um marco no *Annals of Physics*, que argumentava que a massa (m) podia ser convertida em energia (E) por meio da fórmula $E = mc^2$ (onde c é a velocidade da luz).[3] Embora os artigos de Einstein fossem brilhantes e originais, continham vários erros – pelo menos 23, segundo um cuidadoso estudo (ver Anexo A). No entanto, muitos desses erros eram, na verdade, úteis, alguns até mesmo necessários, para ajudar Einstein a desenvolver suas teorias revolucionárias sobre massa, energia, gravidade, tempo e espaço.[4]

Várias décadas se passariam antes que outro brilhante cientista, Enrico Fermi, fornecesse evidências empíricas irrefutáveis em apoio à famosa fórmula de Einstein. Usando uma quadra de squash convertida na

University of Chicago, Fermi conseguiu, em 1942, a primeira liberação controlada de energia nuclear. Mais tarde, juntou-se ao Projeto Manhattan de Oppenheimer em Los Alamos, onde desenvolveram a primeira bomba atômica do mundo, com base nas experiências anteriores realizadas naquela quadra de squash convertida. A bomba atômica exibiu a fórmula $E = mc^2$ de Einstein com grande estardalhaço, levando a Segunda Guerra Mundial a um rápido desfecho. Também mostrou que os erros podem ser benéficos para descobertas e podem ser necessários a fim de se chegar a profundos e novos insights. Nem mesmo um gênio como Einstein podia prescindir deles.

Erros incríveis examina o lado benéfico do erro por considerá-los "portais da descoberta". Por meio de histórias e análises, mostro que é possível projetar erros geniais – aqueles que aceleram o aprendizado e levam a grandes inovações – e evitar os trágicos. Também defendo que erros não são todos criados de modo igual. Alguns têm alto custo e oferecem pequeno valor de aprendizagem, enquanto outros custam pouco e produzem um profundo e valioso insight. Esses são os erros incríveis, aqueles que se devem adotar, em vez de evitar. Este livro vai ensiná-lo a reconhecê-los, encorajá-los e recompensá-los em si mesmo e nos outros.

Pense na última vez em que tentou algo novo, seja aprendendo um idioma, um esporte, ou dando início a uma empresa. Você cometeu erros ao longo do caminho? Esses erros ajudaram ou atrapalharam seu progresso em direção à sua meta? O caminho do insight à descoberta raramente é uma linha reta. As realizações mais inovadoras em ciência, tecnologia, economia e artes representam longos e sinuosos caminhos de equívocos e falsos julgamentos. Na verdade, nossa própria existência como seres humanos se baseia no mecanismo de erro de mutação aleatória; não existiríamos se nosso processo evolutivo não houvesse incluído alguns tropeços e falsos julgamentos. Mas não é suficiente apenas aceitar que erros são parte do progresso. Podemos fazer melhor do que apenas esperar um erro aleatório que nos aponte o caminho. Podemos e devemos aprender a ser estratégicos sobre os erros que permitimos.

Infelizmente, os sistemas que nos rodeiam tornam difícil essa proposta. Nossas escolas e organizações são planejadas com a finalidade de obter eficiência e ordem. Esses princípios são bons, mas raramente encorajam erros – incríveis ou tolos. Os alunos são avaliados quanto ao que sabem, não quanto ao grau em que aprendem com os erros úteis. Do mesmo modo, as empresas se esforçam para a eliminação de erros, contratando consultores e confiando em ferramentas de gestão sofisticadas, como o Six Sigma.[5] Não é de admirar, então, que a maioria dos livros de tomada de decisão siga o exemplo, incentivando-o a se concentrar em evitar o erro hoje, em vez de provocá-lo a planejar o fluxo de decisões que enfrentará amanhã.

De modo irônico, a University of Chicago, baluarte do pensamento econômico racional, impulsionado por Milton Friedman e outros laureados com o Nobel de Economia, lançou o primeiro centro acadêmico entre as escolas de Administração a fim de estudar nosso lado menos racional. Como docente da escola de Administração Center for Decision Research, passei 12 anos entre colegas pesquisando assuntos que pareciam para alguns, na época, esotéricos e desequilibrados. Estudávamos a maneira como executivos experientes podiam ser cegados por suas atitudes mentais ou por que numerosas armadilhas e preconceitos conseguiam nublar seu julgamento e suas escolhas. No início, os economistas mais conceituados olhavam nossos estudos e achados de soslaio.[6] Paradoxalmente, para a escola de Administração da University of Chicago, acabou por ser um erro incrível incentivar um pequeno grupo intelectualmente diverso de estudiosos a desafiar os princípios básicos subjacentes ao modelo econômico racional.

A área da teoria da decisão comportamental obteve, desde então, grande impulso em várias disciplinas acadêmicas. Os princípios que lhe estão subjacentes – como a ideia de que os seres humanos são propensos a erros, que os consumidores apresentam tendências previsíveis e que os mercados nem sempre são eficientes – granjearam ampla atenção e infiltraram o pensamento popular. Em 2002, o Prêmio Nobel de Economia foi atribuído a Daniel Kahneman, psicólogo que estava, então, na Princeton University. Esse elevado reconhecimento por uma pesquisa feita por alguém de fora da economia é bastante incomum, embora encontre precedentes.[7] O trabalho inovador de Kahneman em teoria prospectiva, bem como em heurísticas e vieses, pesquisa que realizou em grande parte com outro brilhante psicólogo cognitivo, o falecido Amos Tversky, mostrou que as decisões das pessoas são fortemente influenciadas por fatores psicológicos.

O manto da teoria comportamental tem sido usado por muitos outros e gerou uma comunidade de pesquisa ativa. A Society for Judgment and Decision Making conta com mais de 1 mil membros acadêmicos, muitos dos quais realizam pesquisas.[8] Livros populares sobre a área, com títulos como *Freakonomics* (Campus/Elsevier, 2007), *Previsivelmente irracional* (Campus/Elsevier, 2008) e *Nudge – o empurrão para a escolha certa* (Campus/Elsevier, 2008), ocupam prateleiras de livros e e-readers.[9] Essa nova disciplina comportamental também é seguida por líderes governamentais, incluindo assessores da administração Obama que desejam explorar novas abordagens da saúde, educação e outras questões políticas espinhosas.[10]

Neste livro, baseio-me nos fortes fundamentos teóricos de décadas de pesquisa em psicologia da decisão, assim como na economia comportamental. Vou até mesmo adiante: ofereço um plano prático para separar os erros destrutivos dos construtivos e para aprender a cometer mais do tipo genial. Ao explorar a forma de acessar erros por seu potencial de aprendizagem, vou incentivá-lo a desafiar pressupostos valiosos e melhorar suas perspectivas futuras. Às vezes, até sugerirei que erre de propósito – tudo com a intenção de desafiar falsas crenças e acelerar o aprendizado. Não o encorajarei apenas a aceitar que você, como todos os outros no planeta, esteja propenso a erros – vou encorajá-lo a adotar essa qualidade, a ordenhá-la para extrair todo o seu aprendizado evolucionário e potencial. As histórias, estruturas e ideias contidas neste livro enfatizam as seguintes mensagens-chave:

1. É importante adotar a potencial aprendizagem com erros – primeiro, superando a vergonha e o medo que nos levam a ignorar as mensagens secretas que carregam sobre como pensamos.
2. Para aprender com um erro, é essencial separar o processo de decisão – a parte que você possui – dos resultados que, em geral, são influenciados por fatores externos.

3. Há uma diferença entre erros tolos e geniais, e tudo depende da relação custo-benefício do que está em jogo. Um erro pode ser essencial para o planejamento e o aprendizado.
4. Em alguns casos, é aconselhável permitir espaço para erros. Assim como as mutações aleatórias têm evolução avançada, erros inteligentes e bem planejados podem promover o progresso humano, abrindo novas perspectivas.

Para a maioria das pessoas, o problema não é o fato de errarem muito, mas o de errarem pouco. Pergunte a algumas pessoas idosas que você conhece sobre suas áreas de maior arrependimento, e a maior parte relatará erros de omissão, e não de comissão – o que deixaram de fazer, e não o que fizeram. As pessoas rapidamente concordam que, em retrospecto, pode-se aprender muito com os erros e, portanto, alguns erros podem ter grande valor. Quando pergunto a gerentes experientes em programas para executivos com o que mais aprenderam na vida, em geral respondem com os erros. Quando replico: "Uma vez que os erros foram tão valiosos para você, por que não comete mais alguns?", eles tendem a me olhar intrigados. A ideia de erros propositais contraria a abordagem da administração do tipo "tolerância zero" na redução de erros quando e onde possível.

Erros incríveis fornece um roteiro para o planejamento e o aprendizado com erros. Ele o auxilia a avaliar seu próprio processo de tomada de decisão e a passar depressa pelas reações emocionais e cognitivas, como a vergonha ou o desvio de culpa, que tendem a obscurecer sua capacidade de aprender com os próprios erros. Apresento insights sobre como e por que você toma decisões, e ofereço processos que aperfeiçoam seu julgamento e suas escolhas. Vou mais longe e exploro uma questão controversa: se cometer alguns erros pode ser bom, tê-los em maior número não seria ainda melhor? Para aprender ao máximo com os erros, precisamos cometer mais erros do que imaginamos ideal, considerando nossa limitada racionalidade. Pode ser difícil engolir essa ideia. No entanto, é o insight fundamental contido neste livro, tornado prático por meio de exemplos, exposição e conselhos sobre como e quando cometer erros inteligentes.

É minha esperança que este livro o ajude a ser um pouco menos perfeito e um pouco mais sábio e tolerante em relação a erros. Se seguir os princípios contidos aqui, você terá outra visão sobre os diferentes tipos de erros que cometemos e aprenderá como reconhecer situações em que eles podem ser benéficos. Ao longo do caminho, aceitará a noção contraintuitiva de que, às vezes, devemos cometer erros deliberadamente, pois podem ser nossa única chance de avançar rumo a uma maior compreensão. Estou ansioso por guiá-lo a seus próprios portais de descoberta, sabendo que eles o ajudarão nos negócios e em outras áreas.

Sumário

Introdução
Quando o errado está certo

Na gelada manhã de um Ano-Novo, um obscuro grupo de músicos fez um teste para um executivo de uma das principais gravadoras do mundo. Depois de anos de modesto sucesso tocando em clubes locais, a banda estava à procura de uma grande oportunidade. Para chegar, haviam enfrentado uma viagem de 10 horas atravessando uma tempestade de neve ofuscante. O motorista se perdera, mas ainda assim tinham chegado antes do executivo, que estivera brindando o Ano-Novo na noite anterior. Essa banda seria uma das muitas que ouviria naquele ano, incluindo pelo menos mais uma no mesmo dia. Tanto a banda quanto o executivo estavam exaustos. Os equipamentos estavam deteriorados pelos meses na estrada; o executivo do estúdio substituiu os amplificadores pelos seus próprios. Não era um começo auspicioso.

Uma vez no estúdio, a banda passou uma hora gravando uma dúzia de canções. Essa fita acabou nas mãos do experiente chefe do departamento de artistas e repertório (A&R) da Vox Music, um selo de destaque. Ele a recusou. O estilo de música, sentiu, estava saindo de moda. Ele estava em boa companhia. Algumas semanas antes, o gerente geral de marketing da Epsilon Records, outra gravadora importante, também ouvira o teste da banda e chegara à mesma conclusão. Em carta ao grupo, o gerente geral de marketing da Epsilon fez a seguinte breve avaliação: "Embora apreciemos os talentos desse grupo, temos muitos grupos desse tipo sob contrato no momento. Não seria aconselhável que assinássemos novos contratos dessa natureza." Por volta da mesma ocasião, duas outras gravadoras ouviram a banda e a resposta foi a mesma: um "não" educado ou indelicado, mas enfático. No total, a banda foi recusada por pelo menos quatro respeitadas gravadoras após cada uma lhes ter concedido uma audição.

"COM CERTEZA DEVEMOS ESTAR APRENDENDO COM CADA ERRO"

Esse deveria ter sido o fim da história. Uma carta, no entanto, continuou em jogo. O chefe da A & R de um dos menores selos da Epsilon estava fora da cidade durante as deliberações do gerente geral. Naquele momento, sua ausência parecia de pouca importância, uma vez que esse selo era – de acordo com alguém bem informado da Epsilon – o "coringa no pacote, e não apenas porque lançava discos de comédia.* Em termos de orçamento, sucessos e prestígio, era o primo pobre dos poderosos selos da companhia". Com exceção de um selo dedicado às Bandas do Exército da Salvação, era o que tinha o pior desempenho na Epsilon. O que poderia esse gerente acrescentar à avaliação de uma promissora banda de rock? Executivos mais respeitados, mais próximos a esse gênero de música, já tinham dado seu veredicto negativo.

Entretanto, seis meses mais tarde, o persistente empresário da banda levou as fitas da audição pela porta dos fundos da Epsilon e apelou ao chefe do pequeno selo. Esse jovem rebelde tanto era apaixonado quanto ambicioso. Depois de uma temporada na Marinha, ele se juntara à Epsilon como assistente do gerente. Procurou novas bandas e transformou nichos de mercado, como os discos de comédia, em negócios rentáveis. Cinco anos depois, aos 29 anos, assumiria a liderança do selo, tornando-se a pessoa mais jovem a chefiar um selo na história da Epsilon. Ele tinha um conhecimento presciente de como as novas tecnologias de gravação impactariam o futuro da indústria da música. Forçado a se alimentar das sobras de artistas da corporação, desenvolveu estreitas relações de trabalho

---

* *Nota da Tradutora*: Gravações com conteúdo humorístico.

com o talento, contrastando com as típicas relações distantes da maioria dos gerentes. Ele estava ansioso por mudar o mundo.

Esse gerente ficou intrigado com o que ouviu na demonstração da banda. Decidiu convidá-los para outra audição. Enquanto os escutava, ficou mais impressionado com sua sagacidade e seu potencial do que com a música que tocaram, mas decidiu contratá-los assim mesmo. Tudo isso aconteceu apenas seis meses após as melhores mentes da mesma gravadora terem recusado a banda. Sempre houvera tomadas de decisão independentes na Epsilon, mas essa reversão foi bastante surpreendente para o gerente geral da Epsilon, responsável por vários selos. Depois do contrato firmado, um pouco embaraçado, escreveu à banda explicando: "... pode parecer a vocês uma anomalia em nossa organização. Posso assegurar-lhes que os gerenciadores de artistas ouviram sua gravação, mas vocês ficarão satisfeitos em saber que até eles são humanos e podem mudar de opinião!" Como era possível um executivo de álbum de comédia contratar uma banda de rock contra o julgamento de colegas mais velhos que, na verdade, haviam acompanhado os movimentos da indústria? Era, sem dúvida, um erro, não?

Qual é sua opinião?

- O gerente do álbum de comédia foi sensato ao contratar a banda à socapa?
- O gerente geral da Epsilon deveria bloquear a assinatura do contrato com a banda pela segunda vez?
- A banda teve culpa por chegar atrasada para a audição, sem dispor de todos os equipamentos?
- A banda foi inteligente ao se reaproximar furtivamente da Epsilon Records?

A maioria das pessoas lê esse caso e decide que contratar a banda foi um erro do selo – isto é, a menos que sejam fãs de história da música, reconheçam os detalhes da história ou entendam a informação contida no título desta seção. Aqui vai uma dica: é uma citação de uma famosa canção "While My Guitar Gently Weeps".

É isso mesmo: essa história é sobre a descoberta dos Beatles. O jovem executivo era George Martin, do selo Parlophone da EMI (disfarçada de Epsilon Records). Ao ignorar a sabedoria convencional e agir de um modo que quase todos considerariam "errado", Martin ajudou sua empresa a se tornar um ator dominante no negócio de gravação. À medida que a Beatlemania se espalhava em todo o mundo, o grupo se tornou um dos mais bem-sucedidos de todos os tempos, vendendo mais de 1 bilhão de discos internacionalmente. Eles venderam mais álbuns nos Estados Unidos e ganharam mais álbuns número 1 nas paradas do Reino Unido que qualquer outra banda. Decca, a gravadora que passou os Beatles adiante após a audição no estúdio, em janeiro de 1962 (disfarçada, neste relato, como Vox), é agora famosa pelo que parece ser o mais gritante lapso na história da música. Especialmente irônica, em retrospecto, é sua declaração daquele momento, de que "grupos de guitarras estão em vias de desaparecer".[11] Em vez disso, eles contrataram Brian Poole & The Tremeloes. Quantas pessoas ainda se lembram *desse* grupo?

O CAMINHO PARA O ESPLENDOR

Eu abri este livro com a história da descoberta dos Beatles porque ela ilustra uma das proposições centrais aqui apresentadas: o quanto os pressupostos mantidos com convicção pelos melhores e mais inteligentes personagens podem estar equivocados e o enorme benefício potencial de se ver por entre eles e se cometer um erro genial. Pressupostos podem estar errados por vários motivos, desde mudanças no mundo em que foram produzidos até a falta de humildade entre os que estão no topo – no caso dos executivos da Vox, todos, exceto um da Epsilon. E muitos desses fatores provavelmente estavam certos.

Isso nos deixa com George Martin. O que *ele* sabia que ninguém mais sabia? Na verdade, sabemos muito pouco sobre o processo de pensamento interior de Martin para ter certeza. Ele pode ter sido tolo e afortunado. Como veremos ao longo deste livro, muitas histórias de grandes descobertas podem ser interpretadas como inteiramente dependentes de sorte. Também é possível que ele tenha visto que o mundo estava mudando e que os pressupostos sobre os quais sua indústria estava construída não se manteriam no futuro.[12] Se isso for verdade, ele é um grande exemplo de alguém que foi capaz de entender a si mesmo e ao mundo a seu redor bem o suficiente para cometer um erro arriscado, recompensador e genial.

George Martin certamente não teria visto sua contratação dos Beatles como um erro. Nenhum gerente que se preze cometeria um erro de maneira consciente. Como Martin, gerentes se veem responsáveis por assumir riscos calculados que produzam, em média, uma compensação positiva. Contudo, se os Beatles tivessem sido, de fato, um enorme fracasso, como muitos na indústria esperavam, hoje consideraríamos a decisão de Martin um erro. Felizmente para ele, o oposto aconteceu. Os Beatles dominaram a música pop no mundo inteiro. Em retrospecto, Martin é visto como um visionário que tomou uma decisão genial. Porém, será que nosso julgamento sobre se a decisão de Martin foi brilhante ou equivocada deveria, de fato, depender tanto desse notável resultado? Se alguém ganha na loteria, comprar o bilhete ganhador terá sido uma boa decisão na ocasião (e uma ruim na maioria das outras vezes em que o lucro foi zero)? Poucos de nós repreenderiam um amigo que houvesse ganhado a loteria por ter sido tão perdulário. Em vez disso, parabenizamos essa pessoa, talvez até com um toque de inveja. Mas não deveríamos, com toda a justiça, basear nossa avaliação sobre o que nosso amigo ou alguém como George Martin poderia ter sabido e previsto antes de tomar a decisão? Muitos teóricos argumentariam que este deveria ser o padrão de julgamento, sem as distorções decorrentes do conhecimento obtido em retrospecto.

Uma vez que adotemos esse padrão teoricamente puro, surge outro problema. Podemos julgar de forma justa, em retrospecto, se uma decisão foi inteligente ou tola? Até que ponto podemos nos colocar na pele de outra pessoa e ignorar todos as outras informações, inclusive o que aconteceu após a decisão? Antes que soubesse que a banda era a dos Beatles, de que lado *você* estava: dos executivos experientes ou do gerente jovem? O desafio de compreender erros é que tomamos decisões olhando para a frente e as julgamos em retrospectiva. Como se determina o que é um bom erro à luz disso? E qual é a diferença entre assumir um risco e cometer um erro? Intuitivamente, George Martin apreciava a diferença entre um erro tolo e um genial. Ao contratar os Beatles, Martin minimizou os riscos negativos. Como comentou depois: "Dizer que eu estava fazendo uma aposta seria uma interpretação forçada, porque o acordo que lhes ofereci foi horrível." Os Beatles receberam um penny por cada disco vendido. Na época em que Martin fez sua oferta, os Beatles ficaram felizes por conseguir qualquer contrato com um selo grande como o EMI.[13] Embora tivesse elaborado um contrato sovina, Martin poderia ter contratado outra banda com maior probabilidade de sucesso; portanto, de qualquer modo, ele assumiu um risco.

Este livro analisa por que um conjunto de pontos de vista populares sobre erros pode estar profundamente equivocado e oferece uma nova maneira de se olharem (e de se beneficiar com) os erros. Começo com a visão de que existem quatro tipos diferentes de erros (trágicos, graves, triviais e incríveis) e depois me volto para a questão prática de como podemos errar o caminho para o sucesso. O principal benefício dos erros é que aceleram a aprendizagem. A decisão de Martin mudou a indústria da música. Embora já houvesse uma tendência em sua criação, talvez não tivesse florescido da maneira como o fez se os guardiões houvessem continuado a assinar os mesmos atos. Repetir sempre a mesma fórmula estabelece uma expertise em um campo restrito – uma forma de aprendizagem por acréscimo. Como o físico Niels Bohr (1885-1962) disse: "Um expert é uma pessoa que cometeu todos os erros possíveis em uma área muito limitada."[14] Erros geniais, ao contrário, expandem a área e aceleram o aprendizado além dos estreitos limites da sabedoria convencional. Essa aprendizagem é expansiva, em vez de convergente. Às vezes, não há como alcançar um destino por intermédio do acúmulo gradual de conhecimento, assim como não se pode atravessar um abismo a passos pequenos. É preciso dar o salto dos erros incríveis. Os erros podem aumentar a velocidade do aprendizado em áreas que vão da publicidade à contratação de pessoas para acelerar o namoro, como discutiremos, e você pode planejar erros com a finalidade de obter benefício máximo.

Além dos erros individuais, também é possível promover ecossistemas em um nível organizacional ou mesmo social que permitam amplo benefício aos erros. Como podemos otimizar nossos portfólios de erros? Como podemos cometer menos erros trágicos e graves e não nos distrair com os triviais? Como podemos reconhecer e incentivar erros incríveis? Ron White, da EMI, que rejeitou os Beatles pessoalmente, criou uma organização que permitiu a Martin a contratação da banda pela porta dos fundos. Esse tipo de folga, hoje praticamente inexistente nas empresas, promove oportunidades para a criatividade e a inovação. White apreciava essa diversidade e a disposição dos gerentes de mudar suas mentes sobre decisões passadas, mesmo que isso significasse escrever um pedido de desculpas aos Beatles a fim de esclarecer o que podia parecer uma "anomalia" em sua organização. Diversidade de pensamento e tolerância aos erros são elementos cruciais para a inovação, pois permitem variar além do que é visto em geral. Às vezes, precisamos projetar ecossistemas de erros.

Os erros da vida real são complexos e confusos. Embora muitas autobiografias pintem uma imagem incompleta e interesseira do que levou o autor à grandeza, muitas pessoas bem-sucedidas reconheceram com honestidade o papel dos erros em sua própria vida. O último capítulo narra como líderes de diversas áreas alavancaram os erros à vantagem. De Albert Einstein a Jack Welch, veremos que os erros têm desempenhado papel crucial no sucesso de muitas pessoas notáveis. Usando suas histórias e outros sucessos famosos, ofereceremos uma visão prática e muito pessoal dos princípios discutidos ao longo deste livro. A mensagem fundamental é que os erros são essenciais para o sucesso e que a maioria das pessoas não olha para erros da maneira certa. Poucos de nós usam os erros tanto quanto possível. Como Eleanor Roosevelt disse: "Aprenda com os erros dos outros. Você não pode viver tempo suficiente para cometê-los todos sozinho."

A Parte I examina o significado dos erros e seu valor, muitas vezes oculto. Argumenta que precisamos mudar nossas opiniões sobre erros de modo fundamental para colher seus benefícios. A Parte II examina estratégias para cometer erros de propósito, a fim de aumentar as chances de brilho. Indústrias criativas, da produção de filmes à ciência básica, toleram melhor os rebeldes. Às vezes, ideias loucas e artistas improváveis se tornam sucessos fenomenais, como demonstrado por programas como *American Idol* (ou a surpreendente descoberta de Susan Boyle, na versão britânica), que lançam uma rede muito ampla para encontrar alguns improváveis sucessos. Mesmo assim, como mostrado pela recusa inicial de contratar os Beatles, atores estabelecidos muitas vezes sofrem de pontos cegos e arrogância, o que os impede de ver novas oportunidades. Muitas indústrias e profissões não apreciam o grande poder dos erros. De modo involuntário, buscam estratégias estreitas, envoltas na falta de visão.

Este livro não é sobre sorte, coincidências ou instinto. É sobre erros deliberados, impulsionados por processos inteligentes: supostos erros que desafiam o *status quo* e levam a resultados imensamente vantajosos. Mas, antes de chegarmos lá – antes de desenvolvermos uma estratégia com a finalidade de cometer erros inteligentes –, precisamos estabelecer o que são erros e por que acontecem.

Parte I
Repensando os erros

CAPÍTULO 1

Questões em Contexto
Definindo erros

A vida só pode ser compreendida para trás;
mas deve ser vivida para a frente.
SØREN KIERKEGAARD[15]

A contratação dos Beatles por George Martin foi um risco calculado que, naquele momento, provavelmente parecia tolo a todos, exceto para ele. Pelo caminho, os paradigmas da música mudaram, crenças foram derrubadas e a música pop foi reescrita. A história está repleta de contos semelhantes de iconoclastas, alguns dos quais arriscaram tudo, como os irmãos Wright, que desistiram de seu bem-sucedido negócio de bicicletas para perseguir seu sonho de voar. Cyrus McCormick também foi um inventor decidido: sua casa e fazenda foram confiscadas enquanto perseguia sua visão de uma ceifadeira mecânica para a colheita. Ele iniciou uma empresa de tratores, a International Harvester, que se tornou uma das mais bem-sucedidas empresas americanas do começo do século XX. Martin, dos irmãos Wright, e McCormick certamente devem ter parecido, naquele momento, tolos sonhadores, mas as vicissitudes da história poliram suas histórias até cintilarem. Decisões que antes pareciam temerárias agora são vistas como geniais.

O retrospecto, claro, empresta ao passado uma falsa nitidez. O viés do olhar *a posteriori*, uma ilusão bem conhecida e muito estudada no julgamento humano,[16] obscurece qualquer tentativa de se colherem insights úteis dessas ou de quaisquer outras histórias. Neste capítulo, apresento um conjunto de critérios a fim de ajudá-lo a reconhecer erros incríveis aqui e agora, para que não tenha de esperar pela história para separar o joio do trigo. Encorajo-o a aprender mais rápido, fazendo experiências com benefícios dos quais não tem certeza, nem pode defender com antecedência. Vou lhe mostrar como reconhecer e cometer, deliberadamente, erros inteligentes.

TEORIA

Vamos começar com uma definição abrangente de erro. O *Merriam-Webster* define erro como "uma ação errada ou uma declaração derivada de um julgamento falho, conhecimento inadequado ou desatenção".[17] Essa definição incisiva é firmada em um critério da verdade simples, baseado em resultados. Não tem nuances e não considera "quase equívocos" ou respostas "boas o suficiente". Se aceitarmos essa definição, deveremos julgar que qualquer previsão ou ação que não consiga atingir a meta pretendida – da bola de futebol que resvala na trave do gol até a previsão de economistas do crescimento do PIB em 3,1% quando o crescimento real foi de 3,09% – é um erro.

Uma definição baseada em resultados rigorosos também deixa a desejar em outros aspectos. Primeiro, não leva em conta a complexidade do mundo em que vivemos ou a existência da simples má sorte. Na realidade, passamos a maior parte da vida funcionando com conhecimento incompleto e compreensão limitada. Assim, a maioria de nossos julgamentos e ações pode ser considerada errada se atentarmos apenas para isso. Além disso, os resultados de nossas previsões, ações ou decisões estão sujeitos, em geral, ao acaso. Chamaríamos um cirurgião que perde um paciente para uma estranha complicação – que não poderia ter sido prevista, com base na melhor evidência disponível – "propenso a erro"? De acordo com a definição do *Merriam-Webster*, a morte do paciente, apenas, é o único determinante da ação correta ou incorreta do médico.

Tanto a religião quanto a clássica teoria da decisão fornecem modelos alternativos. Na religião, os resultados não são a última palavra do padrão da qualidade de decisão de um indivíduo. Em vez disso, o que importa é se o tomador da decisão faz questão de seguir os princípios-chave ou as leis morais. Da mesma forma, a teoria da decisão, um campo acadêmico dedicado ao estudo da escolha racional, foca antes no processo de pensamento que *precede* uma decisão do que nos resultados que o seguem. Digamos que você estivesse tentando decidir se deve ou não pedir demissão de seu trabalho e seguir a carreira de ator: seria um erro? Segundo os teóricos de decisão, a resposta não estaria em se finalmente conseguiu desembarcar na telona, mas em saber se avaliou seus pontos fortes, considerou outras opções, conjecturou sobre os benefícios e riscos, e escolheu de acordo com suas mais profundas preferências. Segundo esse ponto de vista, o único erro que você pode cometer é não seguir um processo de decisão informado e bem fundamentado. Um teórico da decisão certamente o repreenderá por jogar na roleta em um cassino, ou na loteria estadual, com vagas esperanças de ganhar (a menos que diga que o fazia *apenas* para se entreter). Esse teórico salientaria que as probabilidades estavam contra você, e ainda tentaria argumentar que seus dólares teriam melhor investimento no mercado acionário, pois, ao longo do tempo, seu retorno foi positivo.

Para este livro, defino erro como *uma decisão, uma ação* ou *um julgamento que não seja ideal, dado o que foi possível saber no momento.* Em outras palavras, enfatizo o lado da entrada de erros mais do que o resultado final. Essa definição será familiar para os estudiosos da ciência da decisão, mas nem tanto para os líderes do mundo dos negócios. Em um mundo competitivo, impulsionado por metas trimestrais e elevadas expectativas dos acionistas, é difícil defender o valor inerente a um bom processo de decisão. As empresas costumam premiar resultados, não apenas planos bons ou deliberações zelosas. Mas é minha convicção – e este livro exporá a base fundamental – que decisões impulsionadas pelo processo, em longo prazo, produzirão melhores resultados do que aquelas que são recompensadas principalmente por resultados.

REALIDADE

Deixemos o mundo rarefeito da teoria e consideremos como nossa definição de *erro* se mantém. Considere um vendedor de qualquer indústria. Para descobrir se o vendedor está cometendo erros, seria mais simples apenas verificar suas metas de vendas, se as está atingindo ou não. Certo? Isso seria uma forma baseada em resultados de determinar a propensão ao erro desse vendedor.

Agora tente a mesma experiência mental com o critério do processo. Teríamos de analisar *de que maneira* os vários juízos de vendas foram feitos. Como o vendedor alocou seu tempo? Quais suposições fez sobre as contas-chave? Que aspecto de seu produto enalteceu ou deixou de mencionar em reuniões importantes? Uma vez recolhidos esses dados, temos *então* de julgar se, ao longo desse espectro de pequenas decisões, o vendedor estava cometendo erros. Além disso, precisaríamos avaliar se ele tinha informações suficientes que poderiam ou deveriam tê-lo ajudado a evitar os erros. É claro, essa proposta não é fácil. Você pode estar pensando: a definição de erro baseada em resultados pode, afinal, não ser tão ruim. Não é muito mais simples e objetivo verificar os resultados, e não os processos? Definições de erros baseadas em resultados são, bem, mais fáceis de determinar.

Claro, é mais simples e objetivo (embora aparentemente números objetivos também possam, às vezes, ser inventados). Mas, além disso, esse método com base em resultados tem mais probabilidade de levá-lo a conclusões equivocadas sobre o desempenho de uma pessoa. Vários fatores – além da própria decisão – podem influenciar os resultados de uma decisão, como ilustrado na Figura 1-1.

FIGURA 1.1 Fatores que impactam os resultados de uma decisão

Cada um desses fatores tem o potencial de nos cegar sobre a qualidade de uma decisão, tirando-nos do caminho da verdadeira compreensão do julgamento de outra pessoa e levando-nos a conclusões rápidas, mas potencialmente falsas e injustas. Para separar cada um desses fatores, considere-os como elementos que podem nos confundir, distorcer os fatos ou nos distrair de ver o quadro por completo:

1. **Temporalidade.** Podemos não ser capazes de ver *todas* as consequências de uma decisão no momento de julgarmos sua qualidade, pois algumas consequências em longo prazo ainda podem estar em curso. Em que ponto no *continuum* do início de uma decisão até sua consequência final paramos e dizemos: aqui, este é o momento em que podemos ver seu impacto? Muitas decisões importantes, do divórcio ao início de uma empresa, têm uma cauda muito longa.
2. **Acaso.** Os eventos aleatórios podem ter influenciado de maneira significativa o resultado da decisão que estamos avaliando. Pense como a doença pode afetar as notas do aluno, como o mau tempo pode arruinar um piquenique ou afetar os resultados de um teste da escola ou o comparecimento de um eleitor às urnas. Por definição, o acaso não pode ser previsto. Na maioria das decisões de consequência, em que os riscos são altos e as questões, complexas, o acaso, de modo geral, desempenha papel significativo.
3. **Efeitos do tratamento.** Essas são ações após a decisão, seja por quem toma a decisão ou por outros, que ainda podem alterar seu curso. Quando o presidente Jimmy Carter declarou na televisão que o país estava sofrendo de um mal-estar, não só fez uma previsão sobre o verdadeiro estado de coisas, como também criou uma profecia autorrealizável. Suponha que sua empresa tenha um programa rápido para gerentes de alto potencial. Suponha, ainda, que esses poucos selecionados, de fato, desempenhem suas carreiras muito melhor: será devido à habilidade da empresa de observar e selecionar por meio do talento ou de sua capacidade de treiná-los bem (isto é, o tratamento que recebem após terem sido selecionados)?

4. **Falta de dados.** Como teriam acontecido as alternativas que foram omitidas quando a decisão foi tomada? Se não considerarmos o que as outras opções disponíveis no momento teriam produzido, podemos saber se, de fato, tomamos a melhor decisão? Suponha que o novo vendedor que contratou tenha apresentado bons resultados. Você estaria satisfeito e concluiria, claro, que fez uma ótima escolha. Contudo, você não sabe como a candidata rejeitada se teria desempenhado. Imagine: mais tarde, você descobre que ela foi contratada por seu principal concorrente e vendeu muito mais que o vendedor que *você* contratou. Como se sentiria sobre sua decisão?

Temporalidade: pontos de vantagem no tempo

Os custos e benefícios da maioria das decisões se acumulam ao longo do tempo e alteram a natureza do resultado. Uma história taoísta do agricultor cujo cavalo fugiu ilustra esse ponto. Após o desaparecimento do cavalo, o vizinho chega para consolar o agricultor pela perda. O fazendeiro responde filosoficamente: “Quem sabe o que é bom ou ruim?” Poucos dias depois, o cavalo volta, levando uma manada de cavalos selvagens ao estábulo do fazendeiro. O vizinho agora felicita o agricultor pela boa sorte. Mais uma vez, o agricultor diz: “Quem sabe o que é bom ou ruim?” Na semana seguinte, um dos cavalos dá um coice no filho do fazendeiro. O vizinho balança a cabeça, em sinal de solidariedade. O agricultor repete seu refrão: “Quem sabe o que é bom ou ruim?” Uma semana depois, o exército passa para recrutar novos soldados. O filho é deixado de lado, devido à perna quebrada. Parece uma excelente notícia... mas, neste momento já aprendemos, como o vizinho, que o importante não é só o que sabemos hoje, mas também o que será revelado amanhã. Qualquer raio de sorte pode se transformar em maldição, qualquer evento infeliz pode vir a ser uma bênção. Tudo depende do momento que você escolher para declarar que uma decisão ou ação tomada no passado chegou à conclusão final.

Considere o exemplo de um aluno da Harvard University que decide abandonar o curso em seu segundo ano, a fim de partir em busca de seus sonhos. Muitos pais considerariam isso o relato de uma má decisão – a menos, é claro, que estejamos falando de Bill Gates. Ele abandonou Harvard em seu segundo ano para buscar a programação em uma primeira versão do computador pessoal, unindo forças com outro nerd de computador igualmente talentoso, Paul Allen. Juntos, criaram a Microsoft. Gates voltou a Harvard em 2007 para receber um título de Doutor *Honoris Causa*. Com esse conhecimento em retrospecto, é bastante fácil declarar que teria sido um grande erro de Gates permanecer em Harvard, formar-se com sua classe e ter um confortável emprego em uma grande empresa, como a IBM ou a Digital Equipment Corporation (DEC). Mas qual pai teria ficado feliz com seu filho abandonando Harvard, quando o futuro ainda estava envolto em incerteza? Muitas vezes, temos de esperar um longo tempo antes de realmente julgar se uma decisão foi inteligente, tola ou afortunada.

Sob essa lógica, quanto mais tempo tiver decorrido, mais dados deveríamos ter para julgar a qualidade de uma decisão. Entretanto, a perspectiva de longo prazo nem sempre é a melhor e a mais precisa. A espera, por si só, pode inserir seus próprios preconceitos, de distorções da memória até fatores adicionais que afetam o resultado. Uma complicação perniciosa em especial é o que pesquisadores chamam de viés de sobrevivência. A história tende a ser escrita por vencedores – ou pelo menos por sobreviventes. A peneira darwinista pode nos deixar com um registro altamente distorcido em longo prazo.

Por exemplo, o bando de traidores que empenhou sua fortuna para romper com a Grã-Bretanha e criar os Estados Unidos é hoje reverenciado como os Pais Fundadores. Mas se o resultado da escaramuça dos casacos vermelhos-*versus*-rebeldes tivesse sido diferente, eles, com certeza, jamais teriam recebido esse epíteto. Além disso, Benedict Arnold, um colaborador britânico cujo nome hoje é sinônimo de traição nos Estados Unidos, seria celebrado como um patriota. Até mesmo a história recente é obscurecida pelo fato de que decisões e ações malogradas podem estar mal refletidas nos registros estatísticos ou relatos jornalísticos. Quando julgamos quão bem um grupo de ações *versus* um grupo de títulos se saiu como alternativas de investimento pelos séculos, contamos, de fato, todas as empresas falidas? Quando comemoramos os empreendedores bem-sucedidos ao longo do tempo, lembramo-nos adequadamente daqueles que tentaram e falharam de modo miserável?

Acaso: Oposto da Habilidade

O destino pode ter uma mão forte nos resultados de qualquer decisão, atirando nossas noções de habilidade – e justiça – ao vento. As histórias entrelaçadas de dois exploradores do Ártico, no início do século XX, fornecem um exemplo. Em 1926, o explorador norueguês Roald Amundsen e o aviador italiano Umberto Nobile atravessaram o Polo Norte no dirigível *Norge*. Foi uma passagem suave e impecável de Spitsbergen ao Alasca, tendo Nobile ao leme. A consequência foi muito turbulenta.

O ditador italiano Mussolini instou Nobile a levar todo o crédito pelo voo; tanto Nobile quanto Amundsen se envolveram em ferozes batalhas pelo reconhecimento público. Dois anos depois, em 1928, Nobile repetiu a viagem – dessa vez em um avião italiano, com uma tripulação totalmente italiana. O equipamento era idêntico ao do *Norge*; o piloto, Nobile, agora estava mais experiente, já tendo feito a mesma viagem. Mas o *Italia* caiu no gelo. O desastre foi um incidente internacional e incitou esforços de busca e salvamento global. Apesar das duras palavras que haviam trocado, o leal Amundsen juntou-se ao esforço de busca para sua nêmesis. Perdeu a vida no processo. Nobile, ironicamente, sobreviveu, mas nunca recuperou sua carreira do Ártico. Que papel os erros *versus* o acaso desempenham nesse dramático conto de dois pilotos?

Outra história é um exemplo mais leve do forte papel do acaso – e a vista grossa que as pessoas farão, especialmente se acreditarem em sua própria habilidade. Um repórter perguntou ao vencedor de um grande prêmio da Loteria Nacional Espanhola sobre sua estratégia. Ele explicou seu segredo: escolhera um bilhete terminado pelo número 48. Pressionado a revelar mais detalhes, contou que, durante sete noites havia sonhado com o número sete. "Como sete vezes sete é 48, procurei pelo bilhete."

Essa história prova vários pontos, incluindo um óbvio (você não precisa ser bom em matemática para ganhar na loteria: como qualquer aluno da quinta série pode lhe dizer, 7 x 7 é 49!). Isso, no entanto, mostra como é difícil argumentar com sucesso, mesmo quando seu próprio raciocínio é falho e todo o crédito deve ir para a Dama da Sorte. Claro, nosso desejo de acreditar que temos controle sobre nosso próprio destino torna difícil para os seres humanos separar o acaso da habilidade. A psicóloga de Harvard Ellen Langer chama esse fenômeno de "ilusão de controle".[18] Quando o estado de Massachusetts alterou a configuração de sua loteria do estado para permitir que os compradores escolhessem seu próprio número, viu-se um aumento significativo nas receitas. Em termos individuais, vemos essa mesma confiança ilusória desempenhada em tudo, desde a crença da tribo em que sua dança da chuva tem o poder de influenciar o tempo até a fidelidade de um aluno em vestir determinado suéter durante os exames finais.

Até as 100 empresas da *Fortune* podem ser responsáveis por suas próprias danças da chuva, engajando-se em um sofisticado risco de gerenciamento e planejamento de exercícios que instilam um senso de controle enquanto deixam de alcançar suas metas por uma boa margem. Esse viés, ao superestimar quanto controle nossas ações realmente *tinham*, constitui uma enorme barreira à nossa capacidade de julgar, após o fato, em que medida o resultado de nossa decisão ou ação se deveu à sorte ou à habilidade.

Efeitos do tratamento: Confundindo Influências *Ex Post Facto*

Uma gerente contrata um novo empregado. É uma decisão difícil – numerosos candidatos qualificados haviam aparecido, e seus pares questionaram sua escolha. Ela teme que possa ter escolhido incorretamente, por isso investe tempo extra no novo contratado. Com o treinamento, ele demonstra ser um grande sucesso. Sua opção de contratá-lo foi "brilhante"? Ou será que seu treinamento e outras ações após a escolha influenciaram o resultado?

Pesquisadores se referem a ações tomadas após a decisão como "efeitos do tratamento". Essas ações podem ser deliberadas ou ocultas e inadvertidas. O efeito placebo na medicina é um exemplo bem conhecido. Como inúmeros estudos têm demonstrado, a pura fé nos poderes de um medicamento pode influenciar sua eficácia; alguns pesquisadores estimam que o efeito placebo possa ser creditado a até um terço do impacto positivo de certos medicamentos.[19] Certas profecias autorrealizáveis são comuns na vida, como economistas fazendo previsões sobre o crescimento do PIB, que então influencia as empresas e os gastos dos consumidores. Considere o casamento ou a escolha de um parceiro para a vida. Vinte anos após essa monumental decisão, é possível concluir que sua escolha foi brilhante – ou um erro. Tente refletir sobre a opção original: congratule-se por seu julgamento ou censure-se por sufocar suas dúvidas originais. Mas você pode voltar no tempo e criticar sua decisão? Será impossível ignorar as muitas influências que suas ações ou as de seu parceiro tiveram sobre sua vida ao longo dos anos.

Um famoso estudo na área de psicologia industrial, o efeito Hawthorne, provê um exemplo clássico tanto dos efeitos ocultos do tratamento quanto da descoberta brilhante.[20] Hawthorne Works foi um grande complexo industrial construído pela Western Electric, em Cícero, Illinois, antes da Segunda Guerra Mundial. Cerca de 45 mil trabalhadores, principalmente mulheres, faziam equipamentos de telefonia e produtos de consumo como geladeiras e ventiladores. As instalações eram tão imensas que tinham sua própria ferrovia. Considerando o tamanho de suas operações, a administração de Hawthorne investiu pesadamente para encontrar formas criativas de aumentar a produtividade do trabalhador, pois mesmo uma diferença de poucos graus poderia conduzir a lucros importantes. Entre 1924 e 1932, Elton Mayo e outros pesquisadores de Harvard fizeram uma série de experiências, agora famosas, para estudar o impacto da iluminação da fábrica. Os resultados iniciais mostraram que até minúsculos aumentos na iluminação levavam ao aumento da produtividade. Esse resultado foi surpreendente. Se melhor iluminação de fato levava a uma produção maior, haveria importantes ramificações nos projetos das fábricas, em Hawthorne e em todo o país. Mas, então, os pesquisadores observaram uma condição curiosa: os efeitos da iluminação pareciam desgastar-se. Com o tempo, a produção dos trabalhadores diminuía à taxa original de produtividade. De maneira ainda mais curiosa, quando a iluminação foi reduzida a seu nível antigo, a produtividade também aumentou. Como, então, explicar o aumento da produção?

Esses intrigantes resultados levaram a uma reflexão profunda. Um subconjunto de professores de Harvard, liderado por Fritz Roethlisberger e William J. Dickson, focou em um grupo menor e conduziu novas experiências. Experimentavam mudanças em outros fatores e continuavam a ter o mesmo resultado: aumento da produtividade. Entrevistas com os trabalhadores expuseram a causa: o impacto não se devia às mudanças em si, mas à atenção dada aos trabalhadores durante o estudo. Aparentemente, a motivação dos trabalhadores aumentava na proporção da atenção que lhes era dada. Esse insight-chave rendeu dividendos muito superiores ao custo do estudo original. Os estudos de Hawthorne catalisaram as relações humanas da escola de Administração, numa era de teoria da administração baseada na ideia de que cada um de nós chega ao trabalho com profundas reservas de potencial inexplorado. Com o tempo, essa abordagem deu origem a noções como gestão participativa, capacitação, círculos de controle de qualidade e administradores como líderes de torcida – tudo isso teria parecido transgressor, até mesmo revolucionário, em épocas anteriores.

O exemplo Hawthorne é um poderoso exemplo de um erro genial. Os pesquisadores começaram com uma teoria inicial que levou a resultados empíricos intrigantes. Entretanto, eles não consideravam o esforço uma perda de tempo; em vez disso, esforçavam-se para aprofundar o insight. Buscavam novos dados, faziam perguntas e desafiavam seus pressupostos iniciais. Esses elementos eram todos necessários para se chegar a grandes descobertas. Trabalhadores não são máquinas; não há fórmula mágica que aumente sua produtividade. Em vez disso, são motivados por complexas necessidades psicológicas e desejos. Gostam que prestem atenção a seu trabalho: só isso já aumenta sua motivação e produção. O mundo da administração nunca mais seria o mesmo depois de esse insight seminal ser liberado.

Dados que Faltam: "The Road Not Taken"

Duas estradas divergiam num bosque e eu
Tomei a menos percorrida,
E isso fez toda a diferença.
ROBERT FROST, "THE ROAD NOT TAKEN"[21]

Essas linhas são a conclusão do popular e amplamente antologizado poema de Frost, "The Road Not Taken". Descreve um momento de deliberação, quando uma pessoa andando pelo bosque percebe dois caminhos alternativos e toma o que lhe parece ser menos pisado. A linha final, "E isso fez toda a diferença", implica a monumental importância que essa escolha teve – não apenas para essa viagem, mas também para a vida da pessoa como um todo. Vamos comparar isso com um exemplo muito mais inculto: a mala direta que o *Wall Street Journal* costumava enviar algumas décadas atrás, antes do surgimento da internet. O *Journal* contou aí a história de dois jovens administradores, um assinante e um não assinante. O assinante tinha acesso às últimas informações, direcionando-as para uma carreira de sucesso e liderança. O não assinante se arrastava em sua esteira. A mensagem era clara: seria tolice não desembolsar alguns dólares por uma assinatura.

Pode parecer chocante justapor um belo poema e um simples anúncio. Mas cada qual ilustra um dos dilemas essenciais dos erros de julgamento. Tanto o poema de Frost quanto a mala-direta do *Wall Street Journal* se baseiam na mesma ideia: uma única escolha pode ter consequências para o indivíduo – e, ainda, que é possível, sem dúvida, olhar para o passado e dizer: *Sim, tomei a decisão certa.* Porém, eis o problema com esta premissa: muitas vezes, não há maneira de dizer onde o outro caminho – o não escolhido – nos teria levado. Na vida, em oposição à arte ou aos anúncios, raramente somos confrontados com pontos de decisão claros, binários. Na verdade, em muitos dias de nossa vida, podemos ignorar escolhas à nossa frente, em vez de tomar decisões ativas. Como disse o Buddha: "Há dois erros que podemos cometer no caminho para a verdade – não percorrê-lo até o fim, e não iniciá-lo."[22]

O medo de cometer erros pode levar a outro tipo de erro – o de não decidir. No final de sua vida, as pessoas muitas vezes se arrependem de coisas que não fizeram, bem como de coisas que fizeram. Desejariam ter tomado o outro caminho, tentado algo diferente, corrigido um erro do passado, melhorado uma situação ruim no trabalho ou em casa. Na teologia católica, há pecados de comissão e omissão. Os de comissão são óbvios: você faz algo que não deveria fazer. Os de omissão são muito mais sutis. Você vê a pessoa que está sendo assaltada na rua e não chama a polícia. Você agiu errado ou não compreendeu a situação a tempo de agir? Por todas as suas sutilezas, também é difícil flagrar os pecados de omissão (com a notável exceção da falta de apresentação de seu imposto de renda). No entanto, não agir pode ter consequências desastrosas.[23] A tragédia do genocídio, por exemplo, pode dever-se tanto aos pecados de omissão (as pessoas viram a cabeça e não protegem os inocentes) quanto aos de comissão (suicídio).

Considerar alternativas omitidas pode levar a alguns debates filosóficos complicados. Afinal, o caminhante da floresta de Frost não podia *realmente* saber como a vida teria evoluído se outro caminho houvesse sido tomado. Além disso, não importa qual caminho escolhemos, sempre há mais divergência e variação. Assim, dois viajantes no mesmo caminho – não obstante tenham ou não uma assinatura do *Wall Street Journal* – podem ter experiências completamente diferentes.

Às vezes, no entanto, *é* possível ver "a estrada não tomada" – ou pelo menos, alguns de seus elementos-chave. Você deve ser capaz de monitorar o andamento das ações que não comprou (embora poucos de nós o façam). Ou aquele primeiro amor que deixou escapar por entre seus dedos no ensino médio pode ter namorado ou casado com seu amigo. Isso pode lhe dar alguma noção de como uma decisão alternativa poderia ter acontecido, embora não necessariamente como seu próprio caso teria evoluído, dada a complexidade das decisões e interações com outros. Na medida do possível, é preciso considerar todos os dados disponíveis ao julgar erros e, ao mesmo tempo, reconhecer que a tomada de decisão é, com frequência, um processo dinâmico e evolutivo.

Quem Decide?

O lendário juiz de beisebol Bill Klem certa vez enfrentou um irado jogador que exigia a decisão de um pitch. "É bola ou strike?", perguntou o jogador. Klem respondeu lentamente: "Sonny, não é nada até que eu decida."[24] Na vida real, diferentemente do beisebol, nem sempre fica claro quem toma a decisão final sobre os erros.

A resposta de Klem levanta um dilema ontológico: antes de o juiz decidir, uma "bola" ou um "strike" ainda existem? – ou é um constructo, uma criação do julgamento do árbitro? Erros não existem como entidades objetivas; como uma bola ou um strike, a diferença não existe até que a decisão tenha sido declarada pelo indivíduo com o poder de decisão. A questão evidente que isso levanta é: quem é ou deve ser o "árbitro" do erro? Como a opinião e a visão dessa pessoa afetam o que os outros consideram ser verdade? O beisebol tem regras claras que tornam isso nítido – o árbitro, evidente, é a pessoa de calças cinzentas, agnóstico a qualquer tópico dos times – mas na vida real, não há algo como um árbitro imparcial externo. Não há árbitro para os erros que cometemos na vida, mesmo que nos levem a um tribunal. Essa ambiguidade sobre quem decide, e quando o julgamento é feito, insere um elemento de subjetividade fundamental na definição de um erro. Em última análise, o erro está no olho do observador. Essa importante compreensão deveria fazer os leitores terem menos receio de cometer erros, em especial dos tipos que, no devido tempo, mostrarão ser benéficos, talvez até geniais.

Não é simples definir um erro. O processo pelo qual uma decisão foi tomada pode ser tão relevante quanto o resultado – e na vida real, ambos podem ser difíceis de estabelecer. Como já vimos por intermédio dos exemplos deste capítulo, um resultado "ruim" pode dever-se a um processo de decisão falho, um acaso ou à interferência de alguém no processo após a decisão inicial ter sido tomada. Além disso, dependendo do ponto no tempo em que avaliamos a natureza dos resultados e de *quem* determina isso, uma decisão pode ser revelada em uma luz muito diferente.

Qual o propósito de passar por toda essa complexidade? Antes de tudo, como argumentarei mais tarde, vale a pena cometer alguns erros; ajuda começar com uma clara definição de *erros* e uma compreensão compartilhada dos vieses que surgem quando usamos o termo. Se você for um gerente que quer defender a tomada de um risco maior e apresentar a ideia de erros como portais subvalorizados de inovação em sua organização, precisará reconhecer os vários fatores que conspirarão para complicar esse esforço. Precisará trabalhar duro para reformular conceitos equivocados comuns sobre erros. Finalmente, será necessário introduzir padrões de medida para mensurar erros que reconhecem o papel do acaso, dos efeitos do tratamento, e exercer um julgamento sagaz sobre quem terá a última palavra.

CAPÍTULO 2

Nem todos os erros são iguais

Erros Incríveis

O sucesso é constituído de 99% de fracasso

SAICHIRO HONDA, FUNDADOR
DA HONDA MOTOR COMPANY[25]

No capítulo anterior, defini erro como uma decisão inferior à ideal, dado que poderia ser razoavelmente conhecida no momento da escolha. Neste capítulo, dou um passo adiante e defino a noção paradoxal de um erro incrível – um que nos surpreende com os resultados que excedem em muito o custo.

No início, a ideia de um erro incrível pode parecer paradoxal. Mas, como este capítulo mostra, nem todos os erros são igualmente criados. Alguns têm o potencial de se elevar acima de seus caros começos e render dividendos muito além do investimento original. O brilho pode ocorrer tanto antes quanto depois de um erro: nas condições que levam até ele e os novos insights que surgem em seu rastro. Como veremos, inventores de sucesso e líderes frequentemente criam condições que, ao longo do tempo, levam a erros produtivos. Geram sua própria sorte orquestrando circunstâncias em que o acaso e o insight coincidem com a centelha.

ERROS COM POTENCIAL

Comecemos com um exemplo notável. No inverno de 1961, Edward Lorenz, um meteorologista acadêmico, cometeu um erro muito pequeno com notáveis consequências de longo prazo. Lorenz estava trabalhando em modelos climáticos de previsão usando simulação em computador, uma ferramenta comum em sua atividade comercial. Era a época do computador mainframe, quando as simulações exigiam instruções de programa detalhadas, cartões perfurados, processamento em lote e cópias impressas. Fazia-se de tudo; cada simulação podia levar horas e o tempo de computador era caro.

Em um dia profético, Lorenz acabara de completar um grande circuito de simulações de um sistema meteorológico especial e queria repetir a experiência em um período mais longo. Em vez de desperdiçar tempo de processamento valioso, usou a impressão da primeira simulação e digitou manualmente os números finais da tabela de resultados. Em outras palavras, para ser eficiente, ele retomou a execução de onde a primeira havia parado.

Os resultados da segunda simulação divergiram radicalmente das expectativas de Lorenz. Como bom cientista, Lorenz retrocedeu, procurando onde havia perdido o rumo. Talvez tivesse digitado um número errado – ou talvez o próprio computador estivesse avariado. Ficou confuso por dias. Então, ocorreu-lhe que havia inserido números usando uma impressão de computador que arredondava todos os números para três casas decimais de precisão. Na memória do computador, entretanto, os números foram armazenados com seis casas decimais de precisão. Por exemplo, o número armazenado podia ser 4896.506127, mas a impressão em papel de computador leria 4896.506. Ao digitar os números à mão, Lorenz mudara-os ligeiramente. Esse minúsculo erro de arredondamento de 0,000127 nas condições iniciais impulsionou a segunda simulação para um caminho bem diferente, com resultados atmosféricos muito diferentes. Lorenz havia cometido um pequeno erro com grandes e imprevisíveis consequências.

Neste ponto, ficou evidente para Lorenz que o erro de arredondamento havia inutilizado seu modelo original. A maioria dos pesquisadores teria interrompido o trabalho, aceitado a derrota e seguido em outra direção. Mas Lorenz continuou a refletir sobre o estranho resultado. Estava impressionado com a ideia de que pequenas mudanças em um sistema complexo, com laços fechados de realimentação não lineares, pudessem causar consequências tão tremendas. Como disse em uma apresentação em 1972 para a American Association for the Advancement of Science (Associação Americana para o Avanço da Ciência): "O bater de asas de uma borboleta no Brasil desencadeia um tornado no Texas?" A resposta é sim – pequenas mudanças em sistemas complexos podem tornar-se uma bola de neve e ampliar o desvio inicial. Embora o programa de previsão de tempo original que projetara tivesse falhado em sua intenção, o resultado levou Lorenz a uma descoberta muito mais importante, agora conhecida como o "efeito borboleta". Lorenz assumiu lugar de honra na ciência como pai da teoria do caos. Ele foi agraciado em 1991 com o Prêmio Kyoto por descobrir o "caos determinístico". O comitê do prêmio observou que o princípio de Lorenz havia "influenciado profundamente uma vasta gama de ciências básicas e provocado uma das mudanças mais dramáticas na visão da humanidade da natureza desde Isaac Newton". Abordou questões tão profundas como se o universo é determinista ou estocástico, um debate que remonta ao princípio da incerteza de Heisenberg em física e à famosa frase de Einstein de que Deus não joga dados com o universo.

O profundo insight de Lorenz sacudiu os alicerces da ciência. Um erro de arredondamento se transformou em um erro genial. Se Lorenz não tivesse inserido os números truncados, nunca teria sido confrontado com um resultado inesperado. Se não tivesse reconhecido as implicações desse resultado, graças a um extenso treinamento, uma observação aguçada e uma busca tenaz por possíveis explicações, não teria desenvolvido a teoria do caos. Esse exemplo ilustra os dois ingredientes principais de um erro incrível:

1. algo dá errado muito além do alcance da expectativa anterior; e
2. surgem novos insights, cujos benefícios excedem em muito o custo do erro.

A parte genial reside especialmente na condição (2), mas também no reconhecimento de que (1) é necessário que (2) ocorra. Nos capítulos seguintes, demonstro que nossas ações devem ter como objetivo aumentar a possibilidade de (1) e (2) ocorrerem juntos. Se essas duas condições forem satisfeitas, estaremos lidando com um erro incrível.

Inventores ou Cometedores de Erro Profissionais?

Claro, os erros são, com frequência, fonte de novas ideias. Praticamente qualquer invenção ilustra esse fato. A famosa descoberta da lâmpada de Thomas Edison não foi um lampejo de brilho, mas o resultado final de uma tediosa estratégia de testes repetidos. Antes de descobrir que um filamento carbonizado poderia servir como filamento de uma lâmpada, Edison testou centenas de outros materiais, inclusive platina e outros metais. Quando falhou em sua tentativa de número 700, foi-lhe perguntado por que não desistia. Respondeu: "Não falhei 700 vezes; descobri 700 coisas que não funcionam." Em outras palavras, ele estava consciente de que *erros produtivos* faziam parte de seu processo. Em outubro de 1879, Edison atingiu seu primeiro nível de sucesso: um filamento que queimaria por 13,5 horas. Ele continuou a melhorar o projeto; em novembro de 1879, entrou com um pedido de patente nos Estados Unidos para uma lâmpada elétrica usando "um filamento de carbono ou uma tira espiralada e conectada... a fios de contato de platina".[26] Vários meses após a patente ter sido concedida, sua equipe descobriu que um filamento carbonizado de bambu podia durar mais de 1.200 horas.

Um exemplo mais recente é o de Sir James Dyson, inventor do radical novo aspirador sem saco que varreu o mercado. Durante os mais de 15 anos de fracassos, Dyson passou por 5.127 protótipos. Ele descreveu seu processo ao *Fast Company*: "Havia 5.126 falhas. Mas aprendi com cada uma." Continuou: "Somos ensinados a fazer as coisas da maneira certa. Mas, se você quiser descobrir algo que os outros não têm, precisa fazer as coisas da maneira errada." Edison certamente teria concordado. Como observou Dyson, em nossa sociedade, "admiramos 30 erros geniais instantâneos, de brilho sem esforço. Penso bem o contrário. Você deve admirar a pessoa que persevera e moureja e, no final, chega lá."[27]

QUESTIONANDO PRESSUPOSTOS

Erros podem tornar-nos mais sábios. A grande virtude de um erro, seja acidental ou projetada, é sua capacidade de furar bolhas de falsas crenças e abrir novas perspectivas. Assim, deveríamos adotar os erros como portais de descoberta que alcançam além de nossos canais normais de observações.

A história demonstra como as ideias que agora consideramos evidentemente falsas já foram aceitas como sabedoria. Em seu estudo pioneiro *The American Soldier* (1949-1950), o sociólogo Paul Lazarsfeld fez uso de uma rigorosa investigação empírica para demonstrar a falsidade de muitas ideias que as pessoas consideravam verdadeiras, inquestionáveis – tais como a crença de que pelotões racialmente integrados eram menos eficazes.[28] O estudo de Lazarsfeld destruiu muitas crenças errôneas e se tornou um marco no campo da sociologia. Bons desafios da ciência recebiam a sabedoria com dados empíricos e uma teoria melhor. Um livro de 2009, *Os 50 maiores mitos da psicologia popular* (Editora Gente), examina numerosos mitos comumente aceitos sobre as maneiras como nossa mente funciona. Usando provas atuais da literatura científica, o livro põe fim a muitos equívocos populares, tais como a crença de que a maioria das pessoas usa apenas 10% de sua capacidade intelectual, a ideia de que a baixa autoestima causa problemas psicológicos e a visão de que a hipnose é um estado de "transe" que difere de modo radical da vigília.[29] Por meio da cuidadosa desconstrução de cada uma dessas ideias, o livro também apresenta insights sobre por que algumas ideias errôneas exercem uma influência tão poderosa por mera repetição na mídia popular ou em nossos círculos sociais.

Considere, por exemplo, a ideia de que capacetes de bicicleta nos mantêm seguros, protegendo os ciclistas de lesões na cabeça. Essa ideia tem, em geral, alcançado a veracidade da sabedoria aceita. Muitos estados e cidades americanas instituíram leis para uso obrigatório de capacete; o estado da Pensilvânia, por exemplo, desde 1995 exige que crianças menores de 12 anos usem capacetes. Mas *é*, de fato, sempre verdade que os capacetes nos deixam mais seguros? Alguns ciclistas argumentam que o uso do capacete pode torná-los *mais propensos* a ser atingidos por um carro. Ian Walker, um ávido ciclista e psicólogo da University of Bath, pôs a questão em teste. Guarneceu a bicicleta que usa para trabalhar com um sensor ultrassônico. Durante dois meses, andou com ou sem capacete, usando seu sensor para medir o espaço dado a ele por carros que passavam. Sua descoberta foi surpreendente. Conforme relatado na edição de março de 2007 da *Accident Analysis & Prevention* (Análise e Prevenção de Acidentes), quando Walker usava o capacete, os motoristas moviam-se, em média, 0,0851m mais perto dele. Os críticos sugeriram que a diferença era pequena em comparação com o amplo espaço dado por veículos a ciclistas; assim, Walker reanalisou os dados. Descobriu que os veículos tinham 23% mais possibilidade de se mover dentro da "zona de perigo" de 1m à sua volta quando estava usando o capacete.

Walker foi mais longe em seu estudo intuitivo. Em alguns de seus passeios de teste, vestiu uma longa peruca castanha. Sua intenção era que os motoristas o tomassem por mulher. Essa proteção, achou, concedia-lhe uma camada adicional de proteção – especificamente, uma média de 0,0559m a mais de espaço para respirar. Podemos apenas especular sobre as razões desse efeito de gênero, da maior cortesia demonstrada ao sexo feminino até o preconceito sobre as mulheres serem menos estáveis em suas bicicletas. Fosse qual fosse a razão, de acordo com o estudo de Walker, ciclistas estariam bem servidos se adornassem seus capacetes com longos e flutuantes cachos.

Embora os resultados de Walker ainda sejam controversos, ilustram como suposições tácitas e crenças comuns (por exemplo, "ciclistas de capacete estão mais seguros") podem estar incorretas.[30] No caso de um acidente, um capacete dá ao ciclista, de modo inquestionável, proteção adicional. No entanto, se também considerarmos a probabilidade de um acidente, e a maneira pela qual os julgamentos imperfeitos dos motoristas afetam a segurança do ciclista, o poder de proteção do capacete pode estar significativamente reduzido, talvez até mesmo revertido. A experiência destaca como a complexidade de uma situação da vida real pode tornar difícil declarar, sem reservas, que *qualquer suposição* está 100% certa. Como usamos suposições erradas para julgar se uma decisão está certa ou errada – certa ao usar capacete; errada ao não usá-lo –, não podemos dizer se as suposições, em si, estão corretas até cometermos um erro.

Ao fazermos a coisa errada, podemos adquirir o conhecimento necessário para agirmos corretamente no futuro.

Nasci e fui criado na Holanda, onde temos muitos canais. Na maioria dos países, presume-se que o uso do cinto de segurança seja a melhor maneira de proteger os ocupantes de um carro. Em Amsterdã, no entanto, com seus curiosos canais e ruas de paralelepípedos, muitas pobres almas pereceram quando seus carros tombaram no canal e o cinto de segurança não permitiu que os passageiros se libertassem a tempo.

Os seres humanos tendem a procurar evidências confirmatórias. Concentramo-nos em explicações e dados que apoiam nossas crenças e planam sobre explicações alternativas. Considere seus próprios hábitos – você provavelmente consulta artigos ou programas de notícias que apoiam suas opiniões políticas, ou procura fortes contra-argumentos para tentar testá-los e revisitá-los, não? Os cientistas não estão isentos dessa armadilha.

Considere a história do esforço da NASA para resolver os debates sobre a origem da Lua por meio da distribuição de rochas lunares a vários laboratórios para análise. Por meio dessa distribuição, a NASA tinha esperança de que surgisse um consenso científico. Para seu desalento, aconteceu o oposto. Após estudar cuidadosamente as rochas, aplicando os mais elevados padrões de objetividade científica, cada grupo de pesquisa voltou à NASA mais convencido ainda de que sua própria teoria estava correta. De algum modo, com evidências idênticas, cada laboratório conseguiu realizar análises que protegiam as teorias existentes de seus investigadores e valorizando suas posições estabelecidas.

A história da NASA levanta algumas dúvidas inquietantes sobre a própria noção da objetividade científica. Também sugere a razão de o viés de confirmação levar, muitas vezes, a conclusões erradas e por que os erros podem ser nossa única salvação. Imagine se a NASA fosse voltar àqueles laboratórios e pedir a cada um para conduzir uma análise que, de alguma forma, contradissesse suas crenças originais. Os laboratórios poderiam, em seguida, explorar partes dos dados que houvessem anteriormente descartado como estranhos ou errados. Tal processo poderia resolver o impasse entre laboratórios e ajudar a criar consenso científico.

Usei essa abordagem quando consultei uma conhecida companhia farmacêutica, preocupada com a alta taxa de medicamentos experimentais que atravessavam sua fase 1 de testes. Como apenas uma pequena fração dos compostos testados entrará no mercado como medicamento, os fabricantes de produtos farmacêuticos estão ansiosos para encontrar métodos que rejeitem os "ruins" o mais breve possível. A fase 1, então, deveria ser designada como "campo de extermínio" para compostos com pouca probabilidade de chegar ao mercado. Entretanto, a maioria dos cientistas envolvidos no processo de decisão favorecerá os compostos que estão pesquisando, assim como os cientistas da NASA estavam investidos na defesa da teoria de seu próprio laboratório. Propus uma inversão de papéis. Pedimos aos cientistas e ao comitê de revisão, responsáveis pela triagem de compostos, que projetassem testes clínicos destinados a provar que o composto provavelmente falharia. Essa abordagem resultou em um projeto de teste diferente, concentrando-se menos nos benefícios potenciais e mais na toxicidade ou nos outros efeitos colaterais. A abordagem também identificou interações com outros medicamentos que um paciente pode ter de tomar antes, bem como riscos adicionais que, sob a antiga abordagem, surgiriam apenas em fases de testes posteriores.

Obter provas que contrariavam os pressupostos e esperanças iniciais provou-se altamente benéfico para essa empresa farmacêutica. Como veremos nos capítulos que se seguem, contradizer crenças estabelecidas é um método comprovado de se chegar mais cedo às respostas certas. A chave é abordar qualquer indagação complexa com a atitude mental correta, aquela que equilibra o pensamento de confirmação com a desconfirmação. Quanto menos soubermos sobre o problema à mão, mais precisaremos da desconfirmação para eliminar depressa as falsas hipóteses. Como alertamos nossos alunos de doutorado, se manipularem os dados por bastante tempo, acabarão com o resultado desejado. Sem a desconfirmação, cairemos na armadilha de só fazer experiências destinadas a provar nossa hipótese inicial, iludindo-nos ao longo do caminho.

TIPOS DE ERROS E SEUS RELATIVOS BENEFÍCIOS

Nunca haverá escassez de erros tolos. A revista *Fortune* compilou uma lista de grandes erros, incluindo o investimento do Merrill Lynch em hipotecas subprime, pouco antes do derretimento do mercado em 2008, o recall de 20 milhões de brinquedos da Mattel, tratados na China com tinta de chumbo, e as multas que um hospital em Rhode Island recebeu por operar o lado errado da cabeça de um paciente pela terceira vez em menos de um ano.[31] O Darwin Awards anual levantou os erros fatais de um ritual macabro. A cada ano, concedem um prêmio póstumo a pessoas que morreram em consequência de seus próprios erros tolos; tais erros, argumentam, "cloram o patrimônio genético" ou "abatem o rebanho". Os exemplos incluem um caçador que morreu ao atirar em si mesmo após uma altercação com seu cão e um padre que morreu tentando alcançar o céu em balões de hélio.

Desviemos os olhos de maneira educada desses casos de seleção natural verdadeiramente aberrantes e concentremo-nos em erros de uma espécie mais proveitosa. O quadro a seguir pode ajudá-lo a distinguir diferentes tipos de erros, utilizando uma simples análise de custo-benefício. O eixo vertical da Figura 2-1 traça o custo relativo de um erro, de baixo para alto, enquanto o eixo horizontal traça os benefícios relativos do erro, mais uma vez de baixo para cima. Isso nos permite agrupar os erros em quatro "tipos", com alguns exemplos ilustrativos:

A) Trágico (alto custo, baixo benefício): carro indo de encontro à árvore e a pessoa ficando muito ferida
B) Grave (alto custo, alto benefício): divorciando-se; declarando-se falido
C) Trivial (baixo custo, baixo benefício): recebimento de uma multa de estacionamento; a perda de sua carteira de dinheiro
D) Incrível (baixo custo, alto benefício): Lorenz, ao descobrir o efeito borboleta

FIGURA 2.1 Os 4 Tipos de Erros

Benefícios Potenciais do Erro?

Custo do Erro?	Baixo	Alto
Alto	**A. Erros Trágicos** - Acidente de carro fatal - Dependência de drogas	**B. Erros Graves** - Divorciando-se - Fracasso de um novo empreendimento
Baixo	**C. Erros Insignificantes** - Multa de estacionamento - Perda de um avião	**D. Erros Brilhantes** - Erro de laboratório > descoberta - erda do emprego > carreira nova

Claro, erros trágicos (A), que têm um alto preço com baixo benefício pessoal, devem ser inteiramente evitados. Erros graves (B) também têm um custo elevado, mas com o potencial de um alto benefício – como a obtenção de um divórcio ou o fracasso de um empreendimento de negócios. Esses erros podem, em retrospecto, fornecer lições incríveis e ser valiosos, mas precisamos ter cuidado ao convidá-los a entrar em nossa vida. Você não deve se divorciar para ver o que vai aprender; você não leva seu negócio para o buraco para experimentar lições de fracasso. Uma terceira classe, a dos erros triviais (C), representa baixo custo e baixa recompensa. Exemplos: receber uma multa de estacionamento ou perder um avião. Os resultados não são trágicos, mas as lições aprendidas são irrelevantes ou óbvias – como "colocar mais dinheiro no medidor" ou "ir para o aeroporto um pouco mais cedo".

A distinção entre esses tipos nos permite chegar a uma definição mais concreta dos erros de fato incríveis (D) – aqueles que oferecem altos benefícios, a um custo relativamente baixo. Como as histórias ilustraram até aqui, os altos benefícios dos erros incríveis acumulam em longo prazo mais do que se conferidos no instante do erro. Isso representa uma parte do que torna difícil distingui-los dos erros triviais, ou mesmo graves. Seria tentador olhar esse quadro e concluir: "Bem, então acho que tentarei cometer apenas erros incríveis!" A verdadeira lição, no entanto, é que essas diferenças com frequência só se tornam óbvias em retrospecto.

Por exemplo, alguns grandes fiascos nos negócios só mais tarde se transformaram em grandes sucessos, como o Burger Hula, do McDonalds (1962), o Lisa, da Apple (1983), a New Coke da Coca-Cola (1985) ou o DNA Microarray, da Corning (1998).[32] Embora seja importante viver e trabalhar dentro dos limites do bom senso (nenhum de nós quer acabar imortalizado como o próximo ganhador do Prêmio Darwin!), também é verdade que se esforçar para eliminar todos os erros de nossa vida significa que corremos o risco de sacrificar os valiosos também. Precisamos permitir que alguns dos erros ruins entrem em nossa vida a fim de termos uma razoável chance de criar também alguns incríveis. Este é o desafio: como gerenciar melhor esse equilíbrio baseado em sua ambição e sua tolerância ao risco.

Para resumir, este capítulo explorou vários aspectos importantes dos erros:

1. **Nem todos os erros são ruins**. Como Lorenz descobriu, o erro em sua experiência o impeliu na direção de uma ideia nova e poderosa. Os erros têm, por vezes, má reputação. Acreditamos que devam ser evitados a todo custo. Mas o progresso ocorre, na verdade, aos trancos e barrancos, fracassos e sucessos. Os erros permitem que aprendamos mais depressa e nos conduzem a novas direções. Alguns são muito ruins, mas outros nos levam ao brilho. Como discutiremos mais tarde, erros aceleram o aprendizado e expandem as opções.
2. **É fácil desprezar o que parece fora de seu controle**. O viés de superestimar quanto controle temos complica enormemente a tarefa de julgar depois do fato, caso um resultado bom ou ruim se tenha devido à sorte ou à habilidade. Se Lorenz tivesse acreditado que algum poltergeist mudara seus dados, nunca teria reconhecido o princípio fundamentalmente novo que levou à teoria do caos. Porém, mais que atribuir o erro a um ruído aleatório ou à má sorte, ele continuou a explorá-lo e encontrou o caminho desse aparente beco sem saída para algo genial.
3. **Os erros não acontecem no vácuo.** Após tomarmos uma decisão, continuamos a desempenhar ações que influenciam resultados. O efeito placebo na medicina, por meio do qual um paciente melhora porque acredita no poder de seu remédio, é um exemplo bem conhecido. Profecias autorrealizáveis (deterministas) são comuns na vida, como economistas fazendo previsões sombrias, retardando, assim, a recuperação. Além disso, elas podem ser sutis, como pais ou professores que, inconscientemente, exercem suas crenças acerca de uma criança e, assim, influenciam o resultado. Às vezes, decisões ruins podem se tornar boas apenas por intermédio de um esforço harmonioso ou indireto.
4. **Erros incríveis têm dois ingredientes principais.** Requerem: (1) que algo dê errado muito além da expectativa e (2) isso permite que surjam novos e profundos insights, cujos benefícios excedem em

muito o custo do erro original. A genial parte humana reside em especial no (2), mas também no reconhecimento de que (1) é necessário para (2). O truque é se engajar em ações que aumentem a possibilidade de (1) e (2) ocorrerem juntos. Quando reconhecermos que nem todos os erros são iguais, o desafio será saber quais incentivar e quais suprimir. Erros incríveis podem ser vistos, como a compra de opções, semelhante a opções de compra, porque você incorre em um pequeno custo agora, a fim de ter a oportunidade de aprender e ganhar mais depois. Contudo, diferentemente das opções reais, erros incríveis não podem ser modelados com facilidade ou otimizados antes do tempo porque você está operando no limite de seu conhecimento. Além disso, se você os olhou de modo analítico, erros incríveis acabariam com um esperado retorno negativo e seriam rejeitados pela maior parte de seus colegas. Um elemento de intuição é necessário, bem como uma atitude favorável para testar seu pensamento em níveis mais profundos, justificáveis de maneira racional. Como a intuição pode ser profundamente falha, também é importante evitar erros tolos, como os analisados a seguir.

CAPÍTULO 3

Por que e como erramos
Causas e Soluções

Os homens ocasionalmente tropeçam na verdade, mas a maioria se recobra e se afasta depressa, como se nada tivesse acontecido.

WINSTON CHURCHILL

O objetivo deste capítulo é ajudá-lo a entender e, assim, distanciar-se de sua resistência em aprender com os erros. Usando um exemplo do sistema legal, investigaremos como as forças cognitivas e emocionais podem conspirar para suprimir a verdade. Isso, por sua vez, o posicionará para aprender com os erros e o preparará para a ideia absurda que proporei no próximo capítulo – uma abordagem para cometer erros *deliberados*.

DESENVOLVENDO UMA ATITUDE FORENSE

Em 1960, o matemático John Stallings publicou uma prova da conjectura de Poincaré. O teorema tratava de um problema matemático profundo que, por séculos, havia ocupado as melhores mentes. Conjecturava que qualquer forma finita sem furos pode ser esticada e deformada numa esfera. Stallings provou o teorema para sete ou mais dimensões, abrindo novos e amplos horizontes no mundo da matemática. Mais tarde, num famoso artigo de 1965, ironicamente intitulado "Como não provar a conjectura de Poincaré", ele retirou sua prova e explicou como e qual fora a razão de seu erro.

A ciência, como campo, aceita que as ideias evoluam por meio da prova e da subsequente contestação de teorias alternativas. Não foi incomum (ou vergonhoso) que Stallings tenha proposto uma ideia que, mais tarde, se provou errada, embora, em matemática, você queira acertar logo da primeira vez. No entanto, ao publicar uma prova falha, Stallings ajudou a contribuir para a eventual resolução da conjectura de Poincaré. Como Barry Mazur, matemático de Harvard, observou: "Este é um problema geométrico muito, muito profundo; provas diferentes destacam diferentes aspectos do problema." O que *se mostrou* singular foi a disposição de Stallings de declarar e reivindicar seu próprio erro em público. Com humildade e bom humor, descreveu a "cegueira" que o levara à falsa conclusão – a maneira como forças irracionais – como o entusiasmo e o medo de estar errado – haviam obstruído sua visão. Ele escreveu: "Não fui capaz de encontrar defeitos em minha 'prova' por um bom tempo. Foi um problema psicológico, uma cegueira, uma exaltação, uma inibição de raciocínio em razão do medo subjacente de estar errado."[33]

Poucos de nós gostam de cometer erros. Eles são uma vívida – e, muitas vezes, dolorosa – lembrança de nossas limitações, de nossa falibilidade. Em consequência, após um erro, a maioria de nós segue em frente, ansiosos por varrer o erro para baixo do tapete. Em vez de extrair lições ocultas, tentamos proteger nossos egos machucados, controlar os danos e forjar razões para culpar outras pessoas. Entretanto, a transformação de erros comuns em incríveis exige abordagem inversa. Como Stallings sondando buracos em seu teorema ou Lorenz, no capítulo anterior, debruçado sobre seus dados a fim de encontrar a verdadeira história por trás de seus intrigantes resultados, é preciso concentrar-se em seu próprio erro, buscando o significado mais profundo. A fim de compreender o panorama, você precisa ter uma atitude forense e a disposição de colocar seu próprio ego de lado. Só então a Mãe Natureza revelará seus segredos mais bem guardados. Isso não é fácil, especialmente quando estamos no doloroso lado do fracasso.

ERROS INOCENTES

Em 30 de setembro de 1979, uma tragédia atingiu Dianna e Kevin Green. Dianna, grávida do primeiro filho do casal, foi atacada em seu apartamento. Seus graves ferimentos levaram à perda da criança. Ela também perdeu quase toda a memória do incidente e a capacidade de falar. Kevin Green disse à polícia que Dianna estava sozinha no apartamento durante o ataque. Um funcionário de um restaurante fast-food local confirmou seu álibi, e sua comida para viagem ainda estava quente quando a polícia chegou. Mas o casal tinha um histórico de altercações intensificado durante a gravidez. Embora continuasse com danos cerebrais e amnésia, Dianna testemunhou contra o marido. Em 2 de outubro de 1980, Kevin foi condenado por homicídio em segundo grau pela morte do nascituro e por tentativa de assassinato da esposa.

É claro que essa história é sobre um erro com consequências devastadoras. No entanto, *não é* a história do erro de Kevin, mas de erros no sistema legal que o condenou. Após 16 anos na prisão, surgiram novas evidências de DNA provando que Gerald Parker, um assassino em série, é que havia atacado Dianna. Parker confessou o ataque a Dianna, bem como outros cinco assassinatos.[34] Os erros *verdadeiros* haviam sido cometidos pela aplicação da lei e pelos promotores públicos, e esses erros custaram a Green 16 anos de sua vida e permitiram que um criminoso perigoso ficasse em liberdade. Em outubro de 1999, o governador da Califórnia, Gray Davis, deu a Kevin Green US$620 mil como compensação por sua injusta condenação. Essa triste história é um dos mais de 200 casos tratados com sucesso pelo Innocence Project, uma organização sem fins lucrativos, envolvendo estudantes de Direito e professores. O objetivo é identificar as condenações erradas usando novas técnicas de testes de DNA e reformar o sistema de justiça criminal com a finalidade de evitar mais injustiças. É possível que casos como o de Kevin sejam apenas a ponta do iceberg, pois o teste de DNA está disponível para apenas cerca de 10% de todos os crimes violentos.[35] Pode haver milhares de detentos na prisão por crimes que não cometeram, sem dispor de qualquer forma evidente de provar sua inocência.

Com tanta coisa em jogo, como é possível erros tão devastadores acontecerem – particularmente em um sistema como o processo judicial, com seus rigorosos freios e contrapesos? Na teoria, o sistema de justiça americano está estruturado para determinar, sem sombra de dúvida, se os indivíduos acusados de crimes são culpados. Nos processos criminais, especialmente, a exigência de provas é alta. Como o juiz do Supremo Tribunal de Justiça, Blackmun, declarou, é pior condenar uma pessoa inocente do que absolver 10 culpadas. Na prática, no entanto, se o padrão fosse demasiadamente elevado, haveria poucas condenações, e muitos perpetradores culpados permaneceriam livres. Isso cria pressões que podem levar a condenações injustas, o que parece ser muito comum.

AFOGANDO-SE EM UMA PISCINA DE SUBJETIVIDADE

Por que erros graves ocorrem em um sistema projetado para examinar a prova minuciosamente, discutir o caso sob vários ângulos e cumprir as claras regras da evidência? Como é possível entidades que, em tese, não têm vieses – um júri independente e um juiz imparcial – chegarem a conclusões equivocadas?

Primeiro, os dados podem não ser confiáveis. Relatos de testemunhas e outros dados comumente usados podem, com facilidade, danificar ou distorcer as provas. Um estudo realizado por Brandon Garrett, professor de Direito da University of Virginia, analisou 200 casos de condenações iníquas; todas foram derrubadas com base no DNA. O estudo identificou uma série de fatores comuns:

- **Provas falhas da testemunha ocular**. A principal causa era a prova falha das testemunhas oculares, um problema em 79% da reviravolta dos casos. Lembranças distorcidas por estresse, em especial as visuais: sob coerção, poucas pessoas se lembram com precisão do que aconteceu a seu redor, especialmente quando se trata de eventos chocantes, como assaltos ou mesmo acidentes de carro. Segundo uma pesquisa de Elizabeth Loftus, as testemunhas podem jurar algo que, na verdade, 50% das vezes, pelo menos, não viram.[36] Entretanto, os jurados tratam os relatos das testemunhas oculares como objetivas.
- **Prova forense falha**. Esse fator desempenhou papel relevante em 55% dos casos de condenações subvertidas. Provas forenses – como

amostras de cabelo, sangue ou sêmen e DNA – podem emprestar um ar de imparcialidade a processos judiciais porque, presumivelmente, são científicas. Mas essas provas podem, muitas vezes, estar corrompidas, mal interpretadas, ou mesmo abertamente manipuladas, como a luva ensanguentada no abjeto julgamento de assassinato perpetrado por O. J. Simpson deixou claro.

- **Testemunho não confiável do informante.** Em 18% dos casos subvertidos, o testemunho de um informante foi parte do processo da acusação, e os informantes podem sentir-se muito motivados a mentir. Em muitos casos, o informante foi, mais tarde, considerado culpado do crime; outra possibilidade é ter prestado falso testemunho a fim de obter uma sentença menor ou liberdade condicional antecipada por outra violação. Esse fator difere dos outros, já que implica uma tentativa consciente de criar um viés (por parte da testemunha, se não da acusação); os fatores antes citados operam, em grande parte, de modo subconsciente.

Esses fatores destacam um elemento trágico da mente humana e sua capacidade de confundir impressões sugestivas com certeza absoluta. Como o triste caso Kevin Green deixa evidente, um erro original – no caso, sua prisão inicial – pode ser composto por camadas sobre camadas de erros subsequentes, atribuíveis a fatores tão divergentes quanto dados ruins (como prova forense falha) e pura falta de confiabilidade da mente humana. Além das distorções de informação, há outras fontes de erros. Processos falhos de júri e as armadilhas dos processos de grupo, como o pensamento de grupo, podem conduzir a erros.[37]

Há pressão sobre a polícia e os procuradores para condenar alguém por um crime de alta visibilidade. Essa pressão pode levar a um viés de confirmação. As autoridades poderão ter um palpite sobre certo suspeito e, assim, suprimir provas que não se ajustam enquanto destacam detalhes que o fazem. Essa cadeia de erros pode levar a um erro judicial, com muita agonia para as vítimas inocentes envolvidas.[38]

Pode parecer ingênuo encontrar esperança em uma história tão deprimente como a de Kevin Green. Mas a alta incidência de falsas condenações reveladas por provas de DNA tem o potencial de fortalecer nossas normas e procedimentos legais. Reconhecer erros e explorar suas raízes são os primeiros passos em direção a erros incríveis. Eventualmente, o trabalho de indivíduos e organizações como o Innocence Project levará a melhores procedimentos na interpretação de provas e distribuição de justiça. Isso beneficiará milhares de pessoas acusadas criminalmente que ainda têm de ser julgadas por graves acusações. Se assim for, as injustas condenações do passado estão provendo as sementes de brilhantes novos insights e procedimentos.

O exemplo do Innocence Project mostra como a confluência de fatores pode interromper o fluxo da justiça e como a falibilidade do ser humano pode impedir a capacidade de enxergar a verdade ou de tomar decisões justas. É útil definir os fatores comuns que podem estar no caminho de nossa capacidade de ver e compreender erros.

Fatores emocionais

Várias barreiras emocionais impedem que nos detenhamos nos erros. É *muito* mais gratificante estar certo do que errado! Mesmo quando estamos sozinhos, podemos obter prazer ao ganhar na cara ou coroa ou acertar o resultado de um jogo de futebol, e ficamos amolados quando fazemos uma curva errada no trânsito ou ficamos empacados em um jogo de palavras cruzadas. Contextos sociais ampliam esses sentimentos particulares. É uma pílula amarga ouvir "eu te disse"; inversamente, muitas vezes é doce ofertar esse comentário. Muitas expressões associadas a erros destacam sua crueza, sua visceralidade. Falamos de pessoas que se humilham, demonstram remorso, surpresa e, claro, se envergonham de suas palavras. É difícil digerir erros, e eles podem, literalmente, fazer mal a nosso estômago. Como Kathryn Schulz afirma em seu esplêndido livro *Being Wrong*: *Adventures in the Margin of Error*, "se estar certo é agradável, estar errado é atravessar uma extensão estreita, infeliz, que vai de nauseante a pior que a morte".[39]

Não surpreende que, quando estamos errados, vários mecanismos de defesa, da dissonância cognitiva e da racionalização à negação, entrem em ação para proteger nossos egos e reputações. Quando você faz uma falsa previsão ou toma uma decisão insensata, sua mente entra em estado de dissonância. Por um lado, você sabe que errou; por outro, acredita ser um indivíduo capaz e inteligente. Para reconciliar essas noções conflitantes, você tem duas opções: pode baixar a visão de si mesmo um ponto ou dois, ou pode racionalizar – por exemplo, criar uma história sobre por que o erro, afinal, não é seu. Leon Festinger, pesquisador pioneiro em dissonância cognitiva, realizou uma experiência clássica para observar, em primeira mão, a estratégia da racionalização.[40]

Festinger se infiltrou em um culto religioso cujo líder havia profetizado o fim do mundo. Em antecipação ao evento, a comunidade retirou-se para uma montanha alta para escapar do Armagedom; Festinger acompanhou-os para observar como reagiriam. Quando o mundo não acabou como previsto, houve surpresa e decepção iniciais. Claro, a irmandade estava no auge da dissonância cognitiva: como resolver a fé em seu líder com a realidade do mundo se ainda estiver aqui? Depois de algum debate, começaram a argumentar que suas fervorosas orações haviam, na verdade, salvado o mundo. Seu sistema de crenças se provou imune à falsificação; esse foi o mecanismo de defesa de que precisavam para sobreviver. Embora possamos ver com clareza a autoilusão dos religiosos, muitas vezes somos envolvidos em comportamentos semelhantes. Nossa capacidade humana de negar a realidade jamais deve ser subestimada; pode afligir indústrias, países e culturas inteiras.[41]

Embora nossas emoções possam ficar no caminho do aprendizado, também podem desempenhar papel positivo.[42] É por meio de um sentimento intenso que internalizamos as lições de vida duramente conquistadas. A história de minha própria insensatez demonstrará este ponto. Eu estava na Europa, dirigindo um carro a diesel alugado. Tendo nascido e sido criado na Holanda, estou bem ciente de que um carro a diesel não aceita gasolina comum. Eu tinha zombado de pessoas que haviam arruinado seus motores ao colocarem o combustível errado, e tinha visto inúmeros turistas retidos no acostamento por causa desse erro. Uma noite, já tarde, parei meu carro alugado na Bélgica, perto da fronteira francesa, e coloquei gasolina no tanque. Na Holanda, onde havia abastecido o carro pela última vez, os bocais são projetados para ser à prova de idiotas – o bocal de gasolina não cabe em um carro a diesel –, mas a Bélgica não tem como pagar por essas proteções. O jet lag (diferença horária), a escuridão da hora tardia e meu excesso de confiança me levaram a uma lenta mas definitiva parada perto de uma pequena aldeia na França cerca de 20 minutos depois, com grandes caminhões trovejando por perto e nenhuma ajuda à vista. Depois de caminhar 2km no escuro para encontrar um telefone de emergência, comunicar-me em um francês sofrível com um serviço de reboque e acordar um confuso mas útil representante da Avis, finalmente consegui que o carro fosse devolvido ao estabelecimento no qual o alugara. Até encontrei, naquela pequena aldeia, um táxi que me levasse, às 3 horas, por 140km a Paris, para que eu pudesse dar uma palestra às 9 horas (sobre pensamento crítico, nada menos).

Esse erro teve impacto: eu me senti tolo e, por algumas escuras horas ao longo da estrada, até temi por minha vida. Quase perdi minha palestra em Paris, perdi uma noite de sono e, depois, ainda enfrentei uma cobrança de US$4.500 da Avis em minha fatura do cartão de crédito. Supus que a conta fosse por haver estragado o motor. Na verdade, foi um erro deles: a Avis pensou que eu nunca houvesse devolvido o carro e cobrou-me por mais de três meses de aluguel na Europa. No fim, tudo foi arranjado e a Avis até pagou meu táxi para Paris – *merci bien*.

Precisamente porque esse erro foi muito pessoal, chamou minha atenção. É improvável que eu volte a cometer esse tipo de erro. Também pensei em vender bocais melhores na Bélgica, para impedir que outros sejam tão estúpidos como eu fui. Meu momento de idiotice bateu-me na cabeça e no estômago, e eu fiquei encalhado à meia-noite em uma estrada estranha. Como esse erro me causou prejuízo, tinha mais valor do que um cometido por outra pessoa. Levou-me a refletir, irritou-me e, depois, me motivou a pensar sobre novas ideias de negócio. A escola da vida é uma grande professora, ainda que o custo da instrução seja muito elevado, exatamente porque as lições deixam uma impressão tão profunda. Precisamos da emoção nascida da experiência direta, difícil de internalizar, lembrar e aprender.

Lapsos Cognitivos

Além dos obstáculos emocionais, os lapsos cognitivos podem complicar a aprendizagem no mundo real. Eles incluem feedback incompleto, efeitos do tratamento e dados confusos. Aprender com a experiência é um processo meticuloso, que requer a disciplina da investigação científica. Precisamos de cuidadosa experimentação, grupos de controle e estudos duplo-cegos para extrair insights mais profundos de nosso mundo complexo. Para ultrapassar os fatores que conspiram para ocultar sua busca pela verdade, é preciso aprender a reconhecer seus próprios pontos cegos cognitivos, tendências como a falta de realismo, o excesso de confiança e a percepção seletiva.

Às vezes, permitir que outras pessoas façam o teste de pressão de nosso pensamento pode ajudar a estilhaçar nossas ilusões. Na teoria, as decisões organizacionais e de grupo deveriam ser menos propensas a erros, porque as pessoas podem corrigir os falsos pressupostos umas das outras. Na realidade, porém, os grupos podem apresentar seus vieses – do pensamento de grupo à polarização – e isso pode minar o benefício dos pontos de vista de pessoas diferentes. Além disso, o intelecto elevado não é um guardião contra essa tendência: alguma evidência até sugere que, quanto mais inteligentes, mais tenazes as pessoas são agarrando-se a ideias ultrapassadas. Como Thomas Kuhn descobriu, a aceitação de uma ideia nova em ciência requer, às vezes, a passagem de uma geração inteira de cientistas formados na "velha escola" do pensamento.[43] Uma vez enraizados nos paradigmas que lhes deram sucesso, poucos cientistas conseguem aceitar as novas ideias radicais de seus estudantes "imaturos" de pós-graduação (como a seleção natural ou a mecânica quântica).

Além da ciência, sabe-se que outros campos e profissões têm se agarrado a falsas crenças, mesmo em face de muitas contraprovas. Mesmo sistemas especialmente projetados com tensão dialética para apresentar todos os pontos de vista – como no caso de Kevin Green – podem não alcançar os pontos fracos e as peculiaridades da mente humana. Muitas especialidades profissionais têm uma longa lista de erros que são característicos ao domínio. O livro de Jerome Groopman, *Como os médicos pensam* (Agir, 2008) estabelece várias armadilhas no campo da medicina; *Military Misfortunes* (1990), de Eliot Cohen e John Gooch, faz isso para o campo de batalha. O livro clássico de Charles Kindleberger, *Manias, pânico e crashes* (Nova Fronteira, 2000), reconta lições de muitos séculos de crises financeiras. Em *Inside the Jury* (1983), Reid Hastie *et al.* oferecem uma espiada no pensamento emaranhado e falho dos jurados. Esses livros são bons pontos de partida para ajudá-lo a criar estratégias sobre onde o sistema em que opera tem mais vieses.

O tema do erro humano foi extensamente estudado em áreas como psicologia, sociologia, economia e filosofia. Como visto no prefácio, o Prêmio Nobel de 2002 em Economia foi atribuído à pesquisa em ciência cognitiva que teve como pioneiros Daniel Kahneman e Amos Tversky.[44] Essa corrente de pesquisa documenta as várias maneiras pelas quais humanos comuns podem afastar-se do julgamento racional e da escolha na vida diária. Uma sinopse dessa vasta área está além de nosso escopo, mas o modelo mostrado na Figura 3-1 fornece um resumo das fases-chave subjacentes a um processo de decisão.[45] A fase mais importante está listada no centro do diagrama e é chamada de metadecisão. Trata-se de garantir que está resolvendo o problema correto. Aqui perguntamos qual é o ponto mais importante, quem deve estar envolvido em sua resolução e quais armadilhas-chave ou vieses evitar. Uma vez resolvida a metadecisão, as outras quatro fases podem ser abordadas.

FIGURA 3.1 Fases do Processo de Decisão

Fonte: J. Edward Russo e Paul J. H. Schoemaker

AS QUATRO FASES-CHAVE NA TOMADA DE DECISÃO

O processo de decisão pode ser conceitualizado como composto das quatro fases apresentadas como setas na Figura 3-1. Embora as discutamos em sequência, na vida real elas são menos lineares. Insights de uma fase podem influenciar a outra. Por exemplo, a coleta de informações pode levá-lo a reformular a decisão original ou mesmo rever a metadecisão. Da mesma forma, uma reflexão mais profunda sobre a fase "chegar à conclusão" pode levá-lo a coletar mais dados ou revisar seu enquadramento.

Fase 1: Enquadramento da Decisão

Esta fase-chave é sobre a estrutura mental que impomos ao problema: a quais objetivos devemos dar seguimento, quais são as opções disponíveis para nós e que restrições existem. Também inclui o período da decisão, o escopo do problema, quais medidas adotar para mensurar o sucesso e que pontos de referência usar. Por exemplo, muitas empresas usam o desempenho passado, ou de concorrentes próximos, como ponto de referência para avaliar o sucesso. Esse enquadramento míope atormentou a indústria automobilística em Detroit na década de 1970 e a Sears em 1980. A competição real veio de outro lugar, como rivais estrangeiros para Detroit e novas mídias (QVC) para a Sears. Além disso, os gerentes costumam comparar as novas ideias com o *status quo*. Mas esse ponto de referência ignora que o *status quo* não é estático e pode piorar devido à concorrência, a novos regulamentos e assim por diante. Para evitar essa armadilha, a Ford Motor Company com frequência exigia que a opção *status quo* (não fazer nada) recebesse o mesmo escrutínio e justificação de prazo mais alargado que outras opções.

Na fase de enquadramento, é essencial desafiar pressupostos e pensar fora da caixa. Considere o exemplo de ERIC, uma empresa de remoção e redução de amianto. Por volta de 1986, muitas companhias de seguros dos Estados Unidos enfrentaram uma séria crise de passivos devido às reclamações de amianto. Em resposta, eles adicionaram uma "exclusão absoluta de poluição" à sua cobertura geral de responsabilidade comercial. Isso deixou muitas empresas clientes sem qualquer cobertura para as atividades de remoção de amianto, armazenagem subterrânea, tanques, problemas químicos ocultos e assim por diante. Uma pequena empresa, a ERIC, decidiu entrar no próprio mercado do qual todos estavam se retirando. ERIC acreditava que alguém podia, com segurança, pôr no seguro um edifício ou um depósito se (1) uma análise profunda do local identificasse todos os problemas importantes do amianto; (2) uma apólice de seguro foi adaptada às circunstâncias específicas encontradas e (3) subempreiteiros foram treinados e contratados para executar qualquer remoção ou redução de acordo com os padrões mais exigentes. Ao combinar engenharia e análises atuariais, além de controlar a fiscalização de subempreiteiros, um produto de seguro ambiental foi lançado em segmentos que as seguradoras tradicionais evitavam. Resseguradoras (como a Swiss Re) comprou o conceito, e a ERIC, desde então, já vendeu milhões de dólares de cobertura.[46] Em essência, a ERIC reformulou o problema a seu favor.

Fase 2: Coleta de informações

Durante a fase de coleta de informações, os gestores podem sucumbir a vários vieses, incluindo: (1) excesso de confiança, (2) atalhos mentais falhos, e (3) um viés em direção à evidência confirmatória. O excesso de confiança é um sintoma de não saber o que não sabemos. Por exemplo, fizeram a 1.290 gerentes da indústria de informática uma série de perguntas sobre sua indústria e pediram-lhes que fornecessem intervalos de confiança. Nos casos em que tinham 90% de certeza de que a resposta correta estaria em seus intervalos, estavam certos apenas 20% do tempo.[47]

Outro conjunto de preconceitos deriva de nossos atalhos mentais. Por exemplo, quando estima as vendas do próximo trimestre, um gerente pode seguir a simples regra de se basear no trimestre do ano anterior. No entanto, esses pontos de partida convenientes com frequência tendenciam o julgamento final, porque o gerente fica muito ancorado naquele número único e não se afasta dele o suficiente. Nos períodos de mudança, as regras de ouro podem se tornar rapidamente ultrapassadas e até mesmo perigosas. Alan Kantrow relata um exemplo revelador da infantaria.[48] Quando um canhão era detonado, dois soldados ficavam em posição de sentido, uma do lado esquerdo e outro do direito, com um braço na altura do peito. Ninguém conhecia a origem ou a finalidade desse ritual. Quando investigaram, descobriram que isso remontava ao tempo em que os canhões, em vagões, eram puxados por cavalos. O ruído do disparo dos canhões assustava os cavalos, que precisavam ser mantidos firmes. Embora os cavalos tivessem desaparecido, o ritual dos soldados em sentido ficou. Podemos apenas imaginar quantos cavalos fantasmas ainda rondam os corredores das organizações de hoje. Os julgamentos ou as escolhas ruins podem persistir por causa do terceiro viés, uma falha na procura por evidências desconfirmatórias. Gerentes raramente olham para a evidência que contestará a sabedoria recebida. Normas organizacionais tendem a reforçar esse viés de confirmação.

Gerentes procuram afirmar que os principais pressupostos subjacentes às suas ações estão corretos. Pode levar uma nova geração de gerentes ou de startups concorrentes a desafiar a lógica dominante de uma companhia ou de sua indústria e mostrar que, afinal, o impossível é possível. Em tais casos, a organização executora – que precisa proteger suas atividades centrais da ruptura – está em profundo conflito com a organização que aprende, que busca perguntar, duvidar, experimentar, e que rompe com o passado. Como George Santayana observou, a maioria de nós só acredita no que vê, "mas é muito melhor ver do que acreditar".[49]

Fase 3: Chegando a Conclusões

Um viés arraigado em fase de escolha se refere às pessoas que não gostam da incerteza. Essa aversão inibe a inovação e a exploração. Em geral, as pessoas preferem um risco conhecido a um desconhecido, ainda que o último tenha a mesma expectativa matemática.[50] Por exemplo, imagine que eu lhe peça para tirar uma bola de uma de duas urnas, cada qual contendo uma mistura de bolas vermelhas e brancas. Eu prometo US$100 se você tirar uma bola vermelha e nada se tirar uma branca. Digo-lhe que a urna

1 contém a mesma proporção de bolas vermelhas e brancas, e que a urna 2 tem uma proporção desconhecida. Que urna você escolheria? A maioria das pessoas prefere a urna 1, que oferece uma chance conhecida de meio a meio, embora a urna 2 ofereça as mesmas chances, se calcular a média de todas as proporções possíveis. E aqueles que não acreditam que a urna 2 seja justa ainda preferem a urna 1, se lhes for dada a opção de escolher em qual cor apostar. Tendemos a não gostar de situações com alto nível de ambiguidade, quer isso envolva incertezas tecnológicas e de mercado ou nossa estratégia de errar de propósito.

Outros vieses também se insinuam na fase de escolha. As pessoas podem considerar que as escolhas intuitivas são melhores do que realmente são.[51] Ou supõem que as decisões de grupo são necessariamente melhores que escolhas individuais, eis que duas pessoas sabem mais do que uma. Embora seja verdade, em princípio, o pensamento de grupo e outras disfunções são problemas bem documentados, encontrados na tomada de decisões em conjunto.[52] Em muitas organizações, a tomada de decisão degenera em um jogo de adivinhação relativo ao que a alta administração deseja ouvir. As pessoas abandonam seu bom critério em favor do que é politicamente correto, seguro ou conveniente. Para contrariar essa situação, os líderes devem encorajar a diversidade de pontos de vista e publicamente desafiar as concepções aceitas. Para ser crível, os que falam e incentivam erros deliberados também devem ser recompensados.

Fase 4: Aprendendo com a Experiência

Na fase final do processo de decisão, é essencial prestar total atenção ao feedback que evolui sobre a decisão que acabou de tomar. Esse feedback é uma parte importante de todo o processo de aprendizagem. Contudo, a defesa do ego, como a tendência a racionalizar os maus resultados, pode distorcer o feedback, suprimindo erros ou obscurecendo lições importantes. Para contrariar essa tendência, você deve exercer a disciplina de um atleta ou cientista, aproveitando as lições ocultas contidas na resposta do mundo real às suas ações. Isso significa que você precisa estar aberto a aprender e percorrer os loops de aprendizagem no alto da Figura 3-2, e não os que estão embaixo, onde negação, culpa e racionalização podem atrapalhar.[53]

Um obstáculo de aprendizagem diz respeito à falta de feedback suficiente devido a decisões esporádicas, o que torna difícil separar sinal e ruído de fundo. Por exemplo, quanto você consegue aprender com suas decisões sobre alugar um apartamento ou comprar um carro, já que elas ocorrem com pouca frequência? É difícil generalizar a partir de amostras pequenas e é fácil superestimar um sucesso isolado ou erro.

FIGURA 3.2 Loops de aprendizagem

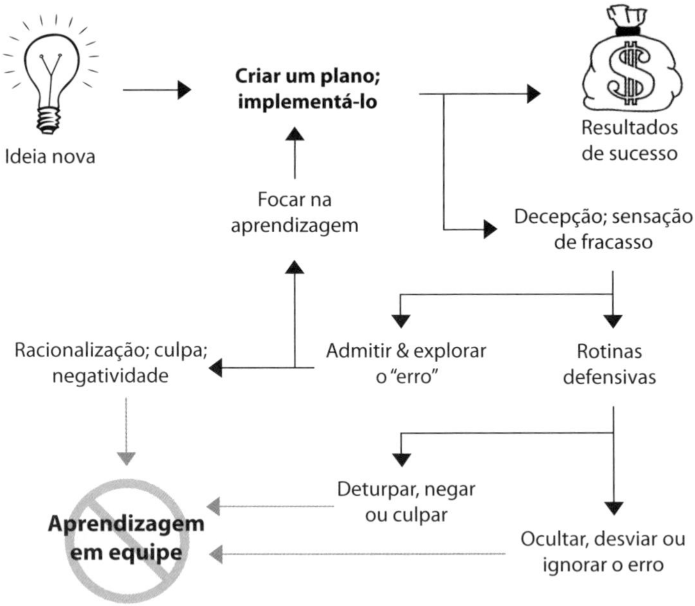

Outro obstáculo se refere à falta de feedback, como não saber o que a opção que rejeitou teria rendido. Você nunca saberá, com certeza, como as coisas poderiam ter acontecido com a pessoa que não contratou para o trabalho. Um terceiro obstáculo para a aprendizagem com a experiência diz respeito aos efeitos do tratamento, como nas profecias autorrealizáveis (deterministas). Os professores com opiniões favoráveis sobre crianças quando o ano letivo começa as influenciarão de modo inconsciente para que sejam melhores do que poderiam ter sido. Esse exemplo já foi mencionado e é conhecido como o efeito Pigmaleão.[54]

Ao considerar estes e outros obstáculos, torna-se claro que a verdadeira aprendizagem exigirá uma abordagem científica para controlar fatores de confusão. Como o movimento de controle de qualidade enfatiza, a chave é a variação controlada. Em alguns casos, o novo aprendizado pode exigir uma unidade organizacional separada para bloquear totalmente as influências indiretas e inconscientes da velha cultura organizacional. A IBM adotou esse caminho ao desenvolver seu computador pessoal, como fez a General Motors para seu projeto Saturno. Para otimizar o desempenho nos períodos seguintes, a empresa deve concentrar-se no que sabe melhor. No entanto, para maximizar suas chances de sobrevivência em longo prazo, cada empresa deve, ocasionalmente, desafiar seu núcleo de pressupostos e estender suas capacidades por intermédio da experimentação. Uma resolução é que a parte principal da organização se concentre no desempenho de curto prazo, enquanto uma unidade separada faça isso olhando para o longo prazo. De maneira ideal, contudo, a aprendizagem e as culturas de desempenho devem interagir. Caso contrário, a organização que aprende pode deixar de aproveitar as competências organizacionais que estão no cerne da organização executora, ou vice-versa.

UMA TOMADA DE DECISÃO MELHOR

Na vida real, nossos processos de decisão nem são tão lineares nem tão nitidamente marcados no tempo, como sugere a Figura 3-1. Informações reveladas na fase de coleta podem inspirá-lo a voltar e reenquadrar seu problema. Por outro lado, um problema complexo, como a transferência de sua família ou de sua empresa, pode acarretar uma série de decisões menores, cada qual envolvendo várias decisões de enquadramento, muitos esforços de coletas de informações e vários passos conclusivos.

Apesar dessa complexidade, ajuda pensar em cada uma das etapas de uma decisão em separado. Fica mais fácil evitar erros quando é possível reconhecer os estágios e as armadilhas mais comuns. Você não conseguirá se proteger contra os erros característicos de cada fase, a menos que reconheça em que parte da decisão está trabalhando. É importante ressaltar que não devemos aprender apenas com nossos próprios erros, mas, sobretudo, com os dos outros. Parafraseando a famosa observação de Santayana sobre a história, aqueles que não estudam os erros dos outros estão condenados a repeti-los.

Já que existem tantas maneiras pelas quais podemos errar, aqui estão algumas dicas básicas para uma melhor tomada de decisão da perspectiva de cometer erros produtivos:

1. Descubra os pressupostos implícitos subjacentes a qualquer decisão importante e, então, desafie-os com a ajuda de outros. Encontre uma maneira fácil de testar alguns pressupostos-chave.
2. Olhe para decisões importantes por intermédio dos olhos das culturas de desempenho e aprendizagem. Esta última o fará aceitar mais as abordagens experimentais.
3. Compreenda que as estimativas podem ser confiantes em excesso ou ancoradas em números prontamente disponíveis. Seja honesto sobre o que não sabe; veja se um erro inteligente pode torná-lo mais sábio.
4. Observe as evidências confirmatórias, mas especialmente as desconfirmatórias. Tente refutar os pressupostos-chave subjacentes à lógica dominante da empresa e use isso para recalibrar os riscos.
5. Equilibre os riscos de "falar sem pensar" com a "paralisia da análise". Considere a intuição um dado de decisão válido, mas não confie cegamente, a não ser que seja muito experiente.
6. Não suponha que grupos sempre tomam decisões melhores; a menos que se gerencie bem o processo do grupo, o QI da equipe pode ser mais baixo do que a média do grupo (isto é, o pensamento de grupo pode estar funcionando).
7. A experiência é automática; a aprendizagem não é. Mesmo que você tenha um bom feedback, as lições implícitas podem não estar evidentes, de início. Tente corrigir a distorção e os dados que faltam.

8. Equilibre a cultura de aprendizagem com a da organização executora. Se estiver em uma posição de liderança, aceite algum grau de fracasso como um preço necessário para o aprendizado.
9. dote uma visão humilde sobre o quanto sabemos sobre o mundo complexo e em mutação ao nosso redor. Tente desafiar e testar pressupostos potencialmente desatualizados com frequência.

Este capítulo mostrou que há muitas maneiras de errar e examinou algumas das razões subjacentes, que podem variar do mau enquadramento à repetição do erro. Sejam quais forem as razões, cada erro lhe oferece a oportunidade de ver o que é possível ensinar sobre o mundo em geral. Qualquer incompatibilidade entre o que você espera que aconteça e o que, na verdade, acontece representa um momento de aprendizagem valiosa, em princípio. Porém, para extrair as lições, você precisa de uma atitude e uma mentalidade orientadas para a aprendizagem. Isso significa superar nossas tendências naturais para negar, suprimir, distorcer e esquecer os erros. Também é preciso contar com uma estrutura conceitual para diagnosticar seu erro, como o de quatro fases que apresentei. Por fim, se aceitar que os erros são valiosos e que, às vezes, cometer alguns pode ser uma boa estratégia, precisará de um roteiro para decidir quando e onde errar. Isso nos leva à segunda parte deste livro: cometer erros de propósito.

Parte II
Projetando Erros

CAPÍTULO 4

Aprendizagem mais Rápida
Um Roteiro Prático

Experiência é o nome que damos a nossos erros.

OSCAR WILDE[55]

Neste capítulo, encorajo-o a cometer mais erros – melhores e mais rápidos –, todos no intuito de acelerar seu aprendizado. Proponho modelos e exemplos de mundos tão divergentes quanto capital de risco e namoro, e mostro como os princípios aplicados por empreendedores ousados e os bem-sucedidos encontros em série podem render dividendos em outras áreas. Apresento, então, alguns princípios da filosofia da ciência, como estratégias de desconfirmação. Meu objetivo é ensinar a você uma abordagem estratégica a erros.

Este capítulo também é um guia prático de "como fazer". Ao lançar mão de um caso empresarial real, apresento um processo de seleção em três etapas, que demonstra o quão útil pode ser violar pressupostos particulares de propósito. Esta é uma metodologia concreta enraizada tanto no princípio psicológico como no teórico da decisão. Vai ajudá-lo a separar as numerosas crenças que você preza e identificar as mais dignas de testes. Ainda vou ajudá-lo a reconhecer a maneira pela qual a intuição e as metaestratégias, bem como os modelos de otimização, podem auxiliá-lo a acelerar seu aprendizado por meio de erros propositais.

EMPREENDEDORES: ESPECIALISTAS EM COMETER ERROS

Um empreendedor bem-sucedido foi entrevistado por um repórter sobre suas muitas realizações. Foi assim:

Repórter:	Senhor, qual foi a chave do seu sucesso?
Empreendedor:	Boas decisões.
Repórter:	E qual foi a chave para as boas decisões?
Empreendedor:	Experiência.
Repórter:	E de onde veio essa experiência, senhor?
Empreendedor:	Das más decisões.

A maioria dos empreendedores – e os capitalistas de risco que neles investem – vive seguindo um mantra audaz: fracassar rapidamente, com frequência e de maneira barata. Assim como Thomas Edison e Sir James Dyson, inventores sobre os quais falamos no Capítulo 2, você deve ver erros em grande número como o caminho para o sucesso. Lembre-se de que inventores em estágio inicial, como empreendedores, em geral nem usam a palavra *erros* para esses tropeços iniciais e necessários, preferindo "experimentos", "protocolos" ou "testes". O prospecto de IPO da Google, um documento financeiro significativo para investidores, fortemente vetado por advogados, contém uma declaração surpreendente: "Financiaríamos projetos com 10% de chance de render US$1 bilhão... Não se surpreenda se fizermos apostas menores em áreas que parecem muito especulativas ou até mesmo estranhas." A Google está alertando os investidores para não se admirarem se a empresa adotar medidas que parecem estranhas ou erradas. A arte de errar é a de separar erros caros, tolos, que ensinam pouco, dos inteligentes e baratos, que você pode oferecer ao mundo.

A questão, então, se torna: Que qualidades os empreendedores precisam reunir para serem bem sucedidos – a não ser, claro, alta tolerância ao risco? Com certeza, até a mais ousada empresa de capital de risco não faz seleções aleatórias. Que critérios aplicam para aumentar as apostas de erros que levem a insights geniais (e lucros)?

Jesse Treu é sócio sênior da Domain Associates, uma empresa de capital de risco sediada em Princeton, New Jersey, especializada em produtos farmacêuticos, dispositivos e diagnósticos. A Domain tem sido muito bem-sucedida ao longo de várias décadas. Quando Treu, PhD em Física pela Princeton University, examinou os sucessos e fracassos passados da Domain, notou que a maioria dos empreendimentos de sucesso havia mudado seu plano de negócios e até seu modelo de negócios. Os sem-sucesso, em contraste, estavam hesitantes em mudar seus planos. Em vez disso, segundo Treu, permaneceram presos à estratégia errada por tempo demais, prejudicando suas chances de sucesso.[56] Esse achado pode parecer contraintuitivo: lembra-se do mantra "permaneça com o que sabe fazer"? No entanto, destaca um truísmo importante. No jogo do capital de risco, os líderes e equipes de gestão que sabem como se adaptar são muito mais valiosos que os melhores planos.

Como o general prussiano Helmuth von Moltke observou: "Nenhum plano sobrevive ao contato com o inimigo."[57] Isso é verdade também nos negócios: poucos planos sobrevivem ao contato com a realidade. A chave em empreendedorismo e inovação é acelerar o processo de aprendizagem e separar as falsas crenças das seguras em ritmo mais intenso. Isso nos deixa com a necessidade de amplas estratégias que nos guiem em questões como: quantos erros devemos cometer em determinado ano, e de que tipo? Como é e deveria ser nossa tolerância pessoal ou organizacional em relação a erros? Estaremos de fato prontos e dispostos a cometer erros propositais a fim de aprender mais rápido? Como devemos seguir o conselho do fundador da IBM, Thomas J. Watson Sr., que disse a famosa frase: "Se quiser ter sucesso mais depressa, cometa mais erros"?[58]

ERRAR PODE SER DIVINO

Vamos começar com uma tarefa com a qual a maioria de nós tem experiência pessoal: o jogo de namoro. A maioria dos namoros é tremendamente ineficiente. As pessoas podem ir a muitos, muitos encontros, resistindo a inúmeros copos de vinho e horas de conversas de fim de noite, antes de encontrar alguém compatível – se alguma vez o fizerem! Tentativas de abordagens incluem a tradicional network, apresentações por intermédio da família e dos amigos, e até mesmo um casamento arranjado. Nos últimos anos, as redes de mídia social e técnicas como encontros rápidos e sites de encontros, com seu quase infinito número de parceiros disponíveis, têm proporcionado perspectivas alternativas, permitindo que aqueles que buscam o amor experimentem maior grau de "fluxo de transações" (para usar um termo de capital de risco). O benefício dessas novas abordagens, claro, é que lhe permitem a rápida filtragem e a economia de tempo; o risco é que a ampla rede de opções e a pressão para decidir rapidamente o levam a pôr tudo a perder.

Maria Dahvana Headley, estudante de teatro de 20 anos da New York University, fez uma abordagem ousada. Depois de infrutíferas incursões no cenário de namoro da cidade de New York, decidiu tentar um experimento ousado e ultrajante: abandonar seus critérios de seleção. Resolveu dizer sim a qualquer pessoa que a convidasse para sair (com exceção de assassinos e estupradores). Como escreve em seu livro de memórias, *The Year of Yes*, essa política levou a encontros com o chefe de manutenção de seu edifício, um homem sem-teto, um milionário da Microsoft que ainda morava com a mãe e uma mulher de carreira.[59] Ela finalmente aceitou um encontro com um dramaturgo divorciado. Embora antes do experimento não lhe teria dado uma segunda chance – ele era muitos anos mais velho e tinha filhos de um relacionamento anterior –, ela se apaixonou e agora está casada e feliz. Ao permitir muitos erros namorando, Headley foi capaz de aprender de modo mais rápido aquilo que realmente queria em um parceiro. Encontrou, então, seu parceiro especial mais rapidamente. A epifania de Headley foi que nossa maneira típica de experimentar – desenvolvendo uma ideia preconcebida do Sr. ou Sra. Certos e encontrando alguém para se encaixar no papel – nem sempre conduz às melhores decisões. Cometer mais erros, como Headley fez em seu ano de dizer sim, pode acelerar o processo de aprendizagem.

Se fôssemos perfeitamente racionais, não teríamos necessidade de cometer erros ou de nos envolver em comportamentos aleatórios a fim de aprender. Mas os seres humanos estão longe de ser racionais e, portanto, precisam permitir que o erro aleatório entre em sua vida, para serem bem-sucedidos. Como Francis Bacon escreveu: "Um homem sábio criará mais oportunidades do que encontra."[60] A criação deliberada de portais de descoberta requer estar aberto a experiências e erros.

Do ponto de vista da psicologia cognitiva, aqui está a razão de precisarmos errar de propósito – por que isso pode nos ajudar a transcender nossa própria limitada racionalidade:

- **Somos demasiadamente confiantes**. A maioria de nós não vê os limites do que sabemos e não sabemos, o que os pesquisadores de viés chamam de confiança demasiada.[61] Paradoxalmente, como a pesquisa tem mostrado, a expertise nem sempre nos protege; às vezes, pode dificultar nossa capacidade de aprender. Gerentes inexperientes cometem muitos erros e, com frequência, aprendem com eles. Gerentes experientes podem tornar-se tão bons no jogo que estão acostumados a jogar que não conseguem mais vislumbrar maneiras significativas de melhorar. Se você atingiu um patamar, pode precisar cometer erros deliberados para se sacudir para fora de suas estreitas zonas de conforto e elevar seu jogo a níveis superiores.
- **Somos avessos ao risco**. Nosso orgulho pessoal e profissional está associado a estarmos certos. Mesmo que, em particular, mostremos humildade sobre nossos conhecimentos e insights, ficamos muito relutantes em submeter nossos frágeis egos a testes explícitos que possam mostrar que estávamos errados o tempo todo. Os funcionários são recompensados por produzir bons resultados e penalizados por falhas para que gastem bastante tempo e energia tentando não cometer erros. Além disso, as pessoas registram perdas com mais sentimento do que os ganhos. É por isso que poucos jogariam uma moeda ao ar por US$1 mil. Como, psicologicamente, as perdas parecem maiores do que os ganhos, as pessoas tendem a ser avessas ao risco e deixam de experimentar tanto quanto poderiam. Esse viés é agravado por pessoas que olham o risco de forma isolada, em vez de olhá-lo com uma lente de portfólio, na qual a diversificação e a lei das médias recebem tudo na íntegra. Examinaremos esse viés melhor no Capítulo 6.
- **Buscamos evidências confirmatórias**. Como tendemos a favorecer dados que apoiam nossas crenças, com frequência não vemos as alternativas nem fazemos perguntas opostas. Queremos estar certos, não errados. Nos estudos clássicos sobre o viés do experimentador,

Robert Rosenthal mostrou alunos que faziam experiências de aprendizagem em labirinto com ratos e produziram resultados que confirmaram suas expectativas anteriores.[62] Alguns alunos pensaram que lhes tinham dado ratos inteligentes, enquanto outros pensaram que lhes tinham dado ratos estúpidos; esse pressuposto baseou-se na etiqueta que viram em duas caixas das quais os ratos foram tirados. Na verdade, eles eram todos semelhantes, e haviam sido colocados de modo aleatório nas duas caixas antecipadamente, antes que a classe se reunisse. No entanto, quando Rosenthal revisou os resultados, os alunos que pensavam ter ratos inteligentes relataram o tempo de aprendizagem em labirinto como mais curto que o outro grupo.

- **Supomos que o feedback seja confiável**. Poucos ambientes oferecem feedback confiável o bastante para se extraírem lições claras de imediato. Gerentes, quase sempre, funcionam em ambientes "ruins" em que o feedback é inexistente ou enganoso.[63] Considere outra vez o experimento da aprendizagem em labirinto de ratos que acabei de mencionar. Os pesquisadores acharam que o experimento seria bastante objetivo, pois os alunos haviam recebido claras instruções sobre como executar o teste de aprendizagem em labirinto e seus relatórios de laboratório receberiam notas. No entanto, inconscientemente, os alunos inseriram erros durante o registro e a interpretação dos dados. Ao anotar o tempo levado por seus ratos para encontrar o queijo no labirinto, podem ter arredondado o que o relógio marcava para cima ou para baixo, de acordo com sua expectativa. Ou quando, mais tarde, escreviam seu relatório, podem ter confundido um "3" por um "8" mal escrito. No mundo real, o ambiente de aprendizagem será ainda mais desafiador devido a erros de medição, falta de dados, ruído aleatório e influências confusas que distorcem os resultados. Em consequência, muitas das coisas em que acreditamos podem não ser verdade.

EVIDÊNCIA DESCONFIRMATÓRIA

Os filósofos da ciência têm argumentado que a falsificação é o caminho mais rápido para a verdade.[64] A falsificação implica tentar refutar suas hipóteses e, quando elas se provam erradas, testar novas. Da mesma forma, cometer erros pode ser a maneira mais rápida de descobrir a solução de um problema. Usando um problema clássico de tomada de decisão, peço a gerentes que encontrem o padrão subjacente em uma sequência de três números, como 2, 4, 6. Permite-se aos participantes propor conjuntos alternativos de três números e eles são informados de seu encaixe no padrão.[65] A maioria das pessoas formula uma hipótese preliminar – no caso de 2, 4, 6, podem adivinhar se o padrão é par, ascendente ou de números sequenciais. Claro, outras hipóteses são plausíveis, como o último número sendo a soma dos dois anteriores, ou o último número sendo três vezes o primeiro, e assim por diante. Formular uma espécie de hipótese é, de modo geral, uma boa ideia, em especial se houver muitas hipóteses que possam ser empiricamente testadas, como no presente exemplo. Mas um insidioso viés de confirmação pode insinuar-se quando as pessoas, na verdade, traçam estratégias a fim de testar suas hipóteses. Elas deveriam testar um conjunto de números que se encaixem em sua estimativa inicial ou um que a viole? A maioria das pessoas tende a testar sequências que se encaixam em sua regra, como ilustrado na coluna da tabela "Testando uma hipótese" (que inclui respostas sim-ou-não sobre se cada sequência de teste se encaixa no padrão oculto subjacente de 2, 4, 6).

	A. Testando uma Hipótese (por exemplo, números pares, sequenciais ascendentes)		**B. Tomando Decisões Deliberadas (testando o oposto)**	
		A suposição se encaixa no padrão presumido?		A suposição se encaixa no padrão presumido?
Sequência inicial	2, 4, 6		2, 4, 6	
Teste 1	4, 6, 8	Sim	4, 6, 11	Sim
Teste 2	10, 12, 14	Sim	5, 2, 1	Não
Teste 3	126, 128, 130	Sim	−10, 0,546	Sim
Suposição padrão	Números *pares*, sequenciais e ascendentes		*Quaisquer* números ascendentes	
Resultado	Resposta errada		Resposta certa	

Depois de três testes bem-sucedidos, os participantes geralmente afirmam com grande confiança que a hipótese "par, ascendente, de números sequenciais" está correta. Mas eles estão errados.

Considere a abordagem alternativa de testar sequências que violam a hipótese (mostrada na quarta coluna) – em outras palavras, cometendo erros deliberados. Os participantes que optarem por números que não se encaixam à sua hipótese atual são, em geral, mais rápidos em descobrir que o verdadeiro padrão é *qualquer* sequência ascendente. O padrão raramente é descoberto, a menos que os indivíduos estejam dispostos a cometer erros – ou seja, testar números que violem sua convicção. Em vez disso, a maioria das pessoas fica presa a uma hipótese limitada e errada, como acontece muitas vezes na vida real, de modo que sua única saída é cometer um erro que, afinal, acaba não sendo um erro.

Às vezes, cometer erros não é apenas o caminho mais rápido para a resposta correta; é o único caminho. Estudantes universitários apresentados a essa experiência foram autorizados a testar quantos conjuntos de três números desejassem. Menos de 10% descobriram o padrão. A maioria se viu presa numa hipótese limitada, como números pares sequenciais, e eles testaram apenas as combinações de números que se encaixariam naquele padrão. No curto prazo, eles estavam corretos ao usar essa abordagem. Mas, no longo prazo, estavam errados, porque não experimentaram o suficiente para descobrir o padrão subjacente.[66] Sempre que tiver pouca evidência concreta para seguir adiante, poucas são as chances de que esteja correto em sua suposição inicial sobre como as peças se encaixam. O caminho mais rápido para encontrar o padrão é tentar muitas experiências desconfirmatórias.

ERROS COMETIDOS DE MODO DISCIPLINADO E DELIBERADO

Não há, claro, carência de erros a serem cometidos. Como, então, distinguir os espertos dos tolos? Em alguns casos, é óbvio: nenhuma pessoa sensata saltaria de uma ponte apenas para ver se é perigoso cair. Mas a maioria dos cenários da vida real não é tão "preto e branco". Por exemplo: Você deve contratar uma pessoa que acha que não vai dar certo para testar seus pressupostos mais importantes sobre o que é preciso para ter sucesso em sua organização? Deve enviar sua equipe por um caminho que não tem certeza se trará resultados, apenas pelo benefício de ampliar sua sabedoria coletiva?

Na empresa de consultoria de gestão que fundei, Decision Atrategies International (DSI), decidi implementar um processo disciplinado de erro deliberado. Usei um processo de cinco passos para identificar e executar alguns erros "inteligentes" – testes que estávamos dispostos a seguir tendo pleno conhecimento de que eles provavelmente falhariam. Meus colegas e eu estávamos dispostos a desafiar nosso pensamento, porque procurávamos obter novos insights sobre como dirigir nossa empresa. Além disso, comprometemo-nos coletivamente em garantir que o custo da falha de quaisquer erros que cometêssemos seria administrável.

Convoquei a equipe de gestão de nossa empresa e pedi que as pessoas identificassem os principais pressupostos subjacentes à nossa abordagem de gestão da empresa. Em seguida, pontuamos os pressupostos a fim de ver quais seriam os melhores candidatos para testar no intuito de um erro deliberado. Descrevo o processo que seguimos e algumas das conclusões às quais chegamos – que nos levaram a alterar a forma como abordamos nossa empresa:

Passo 1. Identifique os pressupostos. Os líderes da DSI começaram por identificar nossos mais apreciados pressupostos sobre qual a melhor forma de dirigir nossa empresa de consultoria. Com isso, geramos a matéria-prima com que cometeríamos erros que pudessem revelar falhas em nosso raciocínio. A seguir, estão os 10 pressupostos que identificamos:

1. Fazer telemarketing para 100 clientes da *Fortune 100* não vai funcionar; precisamos de um sênior campeão em organização de clientes.
2. Nossos clientes compram sobretudo em razão da confiança e da reputação, com limitada sensibilidade ao preço; eles não enviam um RFP (Request For Proposal – solicitação de proposta).

3. Jovens com MBAs não funcionam bem para nós; precisamos de consultores experientes na equipe.
4. Um pacote de preços é melhor que dar o preço de cada componente do projeto em separado.
5. Parceiros seniores devem receber mais de seu bônus de faturamento que de seu salário-base.
6. Entrevistas formais com os clientes devem ser sempre feitas por dois consultores, com um deles tomando notas.
7. A empresa pode ser dirigida com êxito por um presidente que não seja um importante consultor sênior de faturamento.
8. Educação executiva e consultoria são atividades naturais de venda cruzada.
9. Livros e artigos são essenciais para a imagem inovadora e rigorosa de nossa empresa.
10. Não vale a pena responder a RFPs, já que os clientes que os utilizam estão, em geral, comparando preços de compras ou estão à procura de opções para rejeitar uma escolha já feita.

Como a liderança de uma empresa pode não estar ciente de todos os pressupostos que faz, os executivos devem pedir aos colegas da organização inteira para ajudar a construir a lista. Por exemplo, além dos executivos seniores, é possível pedir ao chefe da TI ou mesmo a um parceiro confiável ou cliente leal. O importante é concentrar-se em pressupostos que estão no cerne do negócio, em áreas como estratégia, operações, marketing, finanças, jurídica, TI, recursos humanos e assim por diante.

Passo 2. Selecione pressupostos para testar. A equipe de gestão classificou, então, os 10 pressupostos por duas métricas: (1) a importância dada ao modo como dirigimos a empresa e (2) a confiança na precisão ou na correção do pressuposto. Para avaliar a importância, perguntamos o que faríamos diferente se soubéssemos que um dado pressuposto era falso. Quanto maior o impacto sobre a organização ao descobrir que o pressuposto era falso, tanto mais pontos seriam marcados em termos de importância. Para avaliar a precisão, perguntamos quantos de nós estaríamos dispostos a apostar que o pressuposto estava correto (apostaríamos a empresa ou nossa vida?). A Figura 4-1 mostra como os 10 pressupostos foram, na verdade, plotados em nossas duas dimensões de pontuação.

Em seguida, concentramo-nos nos pressupostos cuja pontuação foi alta em importância e menos elevada na certeza de sua correção. Isso nos deixou com os pressupostos 3, 7 e 10.

Passo 3. Classifique os pressupostos. Para as três suposições assim identificadas, fizemos aos gestores da empresa as cinco perguntas mostradas na Tabela 4-1.

FIGURA 4.1 Pontue e Mapeie os Pressupostos Essenciais

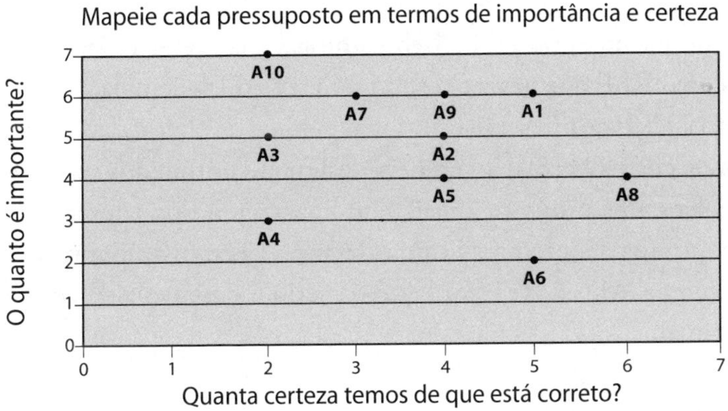

A intenção era gerar uma nota global, indicando o valor relativo de se testarem esses pressupostos. Para manter as coisas simples, atribuímos peso igual a cada questão. Com base nesse processo de pontuação, o pressuposto 10, relativo à visão de nossa empresa sobre RFPs, foi identificado com tendo o maior potencial de se beneficiar de uma estratégia de erros deliberados.

TABELA 4.1 Classifique os pressupostos

O quanto isso é verdadeiro? *(escala 1 = não é verdade; 7 = muito verdadeiro)*	**A3**	**A7**	**A10**
1. O benefício potencial da experiência em relação a seu alto custo	5	6	6
2. Tomamos essa decisão muitas vezes	4	2	5
3. Esse é um problema complexo para se resolver de modo analítico	6	3	4
4. Nossa base de experiência com esse pressuposto é limitada	4	3	5
5. As condições empresariais à volta dessa questão mudaram	2	4	6
	21	18	26

Passo 4. Crie estratégias para cometer erros. Em vez de nunca responder às RFPs, que era a política da empresa, decidimos que agiríamos com seriedade na próxima RFP. Isso significava cometer o "erro" de responder a uma RFP que havia chegado sem ter sido solicitada. Havíamos recebido a RFP de um serviço regional público de eletricidade. Para manter nossos custos baixos, a gerência designou contratados recentes para desenvolver uma proposta inicial, tanto para ajudá-los a aprender a estruturar contratos quanto para limitar o tempo gasto nisso por nossos parceiros seniores. Mas a RFP foi levada a sério e desenvolvida com o cuidado habitual.

Passo 5. Execute o erro. Nossa empresa elaborou uma resposta personalizada para a RFP, listando os honorários normais dos parceiros, o que resultou num orçamento de cerca de US$200 mil para esse projeto relativamente pequeno de consultoria. Para nossa surpresa, a concessionária de energia elétrica convidou nossa empresa para visitar o CEO e a equipe de gerenciamento sênior, a fim de explorar não apenas o projeto em questão, mas outros também. Depois de saber mais sobre a capacidade de nossa empresa, a concessionária de energia elétrica assinou um projeto separado em curto prazo antes de adjudicar a proposta original.

Seguiram-se trabalhos adicionais, chegando a mais de US$1 milhão de consultoria adicional no duto desse cliente. Não foi um retorno ruim por cometer um pequeno erro.

Passo 6. Aprenda com o processo. Erros custam tempo e dinheiro. Seja o erro um sucesso ou um fracasso, faça uma análise cuidadosa após o exercício para entender o que aprendeu. Como o resultado reforça ou altera suas suposições? Quais foram as surpresas? Como os resultados podem mudar sua empresa? Que outros experimentos ou erros podem ser úteis com base nessa experiência? A chave é reconhecer que qualquer resultado surpreendente, quer devido a uma ação que tenha desempenhado ou não, é uma oportunidade de aprendizagem. Sempre que sua expectativa divergir da realidade, tente descobrir a razão. O erro deliberado de custo relativamente baixo cometido por nossa empresa mudou nosso pensamento sobre RFPs e sobre cometer erros em geral. Olhamos para novas RFPs de forma diferente e temos respondido a várias que teríamos ignorado no passado. A DSI, em consequência dessa experiência, também está testando outros apreciados pressupostos que vieram à tona, incluindo os outros dois listados na Tabela 4-1 (números 3 e 7). Contratar profissionais jovens com MBAs (para testar 3), obviamente, é mais fácil do que trocar o CEO da empresa (para testar 7), portanto a empresa contratou uma equipe júnior. E estamos experimentando com uma mudança no equilíbrio do presidente entre consultoria e gestão como uma abordagem de baixo custo para testar o pressuposto 7.

DESEMPENHO *VERSUS* APRENDIZAGEM

Embora possa, com frequência, aprender mais depressa cometendo mais erros, também é justo reconhecer que a aprendizagem *não* é sempre o objetivo mais importante. Há momentos críticos, e tarefas específicas, em que o alto desempenho deve e será sua única preocupação. Se você tiver em mãos o controle de um Boeing 747 a 30 mil pés no ar, ou se seu cotovelo estiver no fundo do peito de um paciente durante uma cirurgia de coração aberto, por favor, não pense em cometer erros! Concentre-se em contar seus instrumentos cirúrgicos e certifique-se de que todos estejam de volta à mesa antes de fechar o paciente. Certifique-se de realizar a cirurgia no cérebro no lado correto da cabeça e sobre o paciente certo. Todos nós lhe agradeceremos por *não* estar focado em aprender!

Entretanto, quando a cirurgia tiver acabado, quando o avião estiver no chão, talvez *haja* sentido em refletir sobre o que aprendeu e explorar maneiras de cometer erros deliberados. Se for um piloto, talvez possa entrar no simulador de voo e tentar abater o avião virtual em todos os tipos de circunstâncias desafiadoras, desde as condições climáticas de um furacão até a falha de motores ou ataques de foguetes terrestres. Você será um piloto melhor. Como passageiros, ficaremos felizes. Quando sair da sala de cirurgia, pode não ser uma ideia ruim fazer simulações a fim de prepará-lo para desafios incomuns e complexos que você talvez tenha de enfrentar ou tentar novos procedimentos cirúrgicos em cadáveres humanos ou animais.

Os erros são, muitas vezes, dolorosos e constrangedores. Odiamos perder. No Japão, alguns executivos ainda cometem seppuku, um ritual de suicídio, quando falham. Tendemos, muitas vezes, a negar nossos erros em vez de aprender com eles. Poucos de nós, lá no fundo, queremos cometer mais erros. Então, estamos diante de um dilema: não gostamos de erros, mas esta é, muitas vezes, a única forma de seguir em frente. Este livro projeta uma luz diferente sobre erros, ajudando-o a entender o que são e como podem ajudá-lo a tomar melhores decisões no futuro. Se soubermos como usá-los, os erros criam oportunidades. Podem ser vitais portais para a descoberta. Certifique-se, também, de dar uma olhada nos erros de seus colegas e veja o que pode aprender com eles. O maior erro que podemos cometer é não apreciar plenamente o poder dos erros para mudar nossa abordagem à empresa e à vida em geral.

CAPÍTULO 5

Erros Deliberados

Criando Portais da Descoberta

Então vá em frente e cometa erros. Cometa todos que puder. Porque é onde encontrará sucesso. No outro lado do fracasso.

THOMAS J. WATSON SR., FUNDADOR DA IBM[67]

Ao longo deste capítulo, continuaremos a explorar a noção contraintuitiva de errar de propósito para desafiar visões arraigadas que talvez estejam erradas. Também discuto quando cometer erros deliberados pode ser muito valioso, reconhecendo que muitos provavelmente serão becos sem saída.

Em geral, existem dois tipos de abordagens para o erro proposital. A primeira é desafiar a sabedoria convencional e seguir sua própria intuição (como no clássico caso dos irmãos Wright aprendendo a voar). A segunda é agir com objetivos opostos a seus *próprios* pontos de vista, com o objetivo de desafiar (e, portanto, potencialmente, fortalecendo e expandindo) sua própria estrutura mental. O gênio da publicidade David Ogilvy fez isso ao dirigir anúncios que pensou que *não* funcionariam, para ver se seu pensamento sobre marketing ainda estava inspirado. Muitos desses anúncios falharam, mas alguns tiveram sucesso – como o famoso Hathaway, o "homem do tapa-olho" –, dando a Ogilvy contínua vantagem.[68]

COMETER ERROS DE PROPÓSITO

Imagine-se como chefe de uma empresa que fabrica pet food. Você monitora as vendas principalmente em supermercados, seu principal ponto de distribuição. Suponha que algum jovem recém-contratado venha até você e argumente que sua empresa está, na verdade, em *declínio*, apesar de os dados recentes demonstrarem, de maneira clara, participação constante no mercado. Esse jovem empregado recomenda que a empresa inicie o monitoramento de canais não tradicionais, como hipermercados para animais de estimação e vendas diretas por intermédio de veterinários. Obter esses novos dados adicionaria um custo considerável e reduziria os lucros. Sua mente analítica o obriga a realizar uma contrapartida preliminar de custo-benefício. Essa análise sugere que você estaria desperdiçando orçamento de marketing – e isso pode parecer tolo. Mas sua intuição diz que o jovem empregado talvez tenha alguma informação, embora não possa apontar o dedo sobre o que é. Você seguiria seu palpite ou deixaria a planilha falar mais alto?

Esse cenário representa um caso de negócio real. Um fabricante de pet food *investiu* no novo monitoramento, como o jovem empregado havia sugerido. Esse novo canal de dados lhes permitiu ver que sua participação no mercado estava, de fato, em declínio. Seu método "testado e aprovado" de confiar nas vendas de supermercado estava colocando a empresa em grave risco de obsolescência. Os consumidores estavam, cada vez mais, comprando pet food por meio de canais alternativos, e a empresa estava perdendo essas oportunidades de crescimento. A alta administração conseguiu antecipar-se a essa diminuição não reconhecida da fatia do mercado, realinhar suas vendas e estratégia de distribuição e começar a monitorar as tendências de comportamento do cliente com mais cuidado.

Uma decisão que parecia um erro, de uma perspectiva tradicional – investir em novos sistemas de monitoramento, ainda que isso não se justificasse em termos de custo –, passou a ser oportuno para essa empresa. Erros deliberados podem ter um grande valor em ambientes de mudança rápida, complexidade e caos. E, se os pressupostos testados envolverem repetidas tomadas de decisão, os benefícios de novos insights podem ser multiplicados muitas vezes. Nesses tipos de ambientes, há uma grande oportunidade de angariar novos e brilhantes insights, mudando o jogo e aproveitando os benefícios significativos.

Nas situações em que as decisões são rotina e quase sempre padrão, como bancos revendo empréstimos ao consumidor, novos insights que permitam até mesmo uma pequena vantagem têm o potencial de gerar enormes benefícios cumulativos. Em seguida, demonstro isso num caso real sobre o US Bell System, e uso uma lente de aumento para explorar questões mais profundas por trás dos erros propositais. Por fim, apresento condições que favorecem esses erros. O capítulo termina com obstáculos pessoais e organizacionais que podem dificultar a ampla exploração de novos espaços.

DESAFIANDO O MODELO EXISTENTE

Antes da dissolução da Bell System, em 1984, as companhias de telefone dos Estados Unidos eram obrigadas a oferecer o serviço a todas as casas em sua região, independentemente do histórico de crédito de cada consumidor. Havia, nos Estados Unidos, por volta de 12 milhões de novos assinantes a cada ano, com uma inadimplência de US$450 milhões. Como proteção contra o risco de crédito e a perda dos equipamentos, a lei permitiu que cada empresa exigisse um depósito de segurança de uma pequena porcentagem de novos assinantes. Cada empresa operadora Bell havia desenvolvido seu próprio modelo estatístico para determinar quais clientes constituíam o maior risco e cobrava desses clientes o depósito. A maioria das empresas presumia, claro, que o crédito ruim igualava-se a alto risco, mas era difícil colocar essa importante presunção em teste. As empresas pediram alguns conselhos aos gênios de seus famosos Bell Labs. Esses cientistas, muitos dos quais tinham uma fantástica formação em estatística e modelagem quantitativa, responderam de maneira bastante intuitiva: sugeriram a *suspensão* da política de cobrança de depósito dos clientes de alto risco, com a finalidade de ver o que aconteceria. Para a alta direção, esse conselho parecia uma proposta assustadora, potencialmente prejudicial: um jogo arriscado, um erro deliberado.

No entanto, os cientistas da Bell Labs defenderam a lógica de sua posição. Atrás da política existente na Bell, havia um pressuposto tácito:

os inadimplentes eram mais propensos a fazer mau uso dos equipamentos ou a deixar de pagar suas contas de telefone. Os cientistas da Bell Labs não estavam dispostos a aceitar isso como verdade. Argumentavam que apenas um experimento cuidadosamente controlado poderia revelar como aqueles a quem se pediam depósitos se comportariam quando um depósito de segurança não fosse pago. Os cientistas queriam um ponto de vista baseado em provas de como os clientes com crédito ruim se comportavam em comparação ao restante da população. A direção concordou, e a experiência começou. Por vários meses, não se pediu depósito de segurança aos novos assinantes. Para a surpresa de muitos, um bom número dos supostos "maus" clientes pagou suas contas em dia e de maneira integral. A probabilidade de roubo e danos aos telefones e a outros equipamentos foi menor do que entre os diversos segmentos dos clientes "bons". Ficou claro que, nos atuais modelos de risco, alguns indicadores-chave estavam ausentes.

Armada desses novos insights, a Bell Labs pôde usar os dados completos a fim de ter uma ideia melhor do comportamento dos novos assinantes. A análise de regressão múltipla lhes permitiu, em seguida, estabelecer modelos de previsão melhores. Por exemplo, o peso dado ao histórico de pagamento, a renda discricionária, o tipo de emprego, o tempo de residência e outros fatores de risco podiam ser alterados. As empresas operadoras recalibraram seus modelos de pontuação de crédito em conformidade e começaram a usar estratégias de triagem muito mais eficazes. Os modelos de crédito aperfeiçoados adicionaram uma média de US$137 milhões aos resultados finais de cada ano durante uma década.

Nesta situação – em que as decisões repetitivas, padronizadas eram exigidas –, um erro deliberado rendeu um valioso insight. A repetida aplicação de novos e mais precisos modelos de pontuação a fim de identificar os clientes de depósito foi feita dia após dia, ano após ano – levando a um grande retorno. Afinal, tornou-se claro que os benefícios da nova estratégia, em longo prazo, superavam o custo direto e inicial de se suspender a política de depósito original. No entanto, isso não estava evidente para os líderes da empresa no momento em que a decisão foi tomada. Esses insights, e o retorno, só poderiam surgir após os líderes agirem propositalmente, ao que parecia à primeira vista, de maneira pouco recomendável.

O PARADOXO DOS ERROS DELIBERADOS

A expressão "erro deliberado" contém um elemento de paradoxo que pode não cair bem para leitores mais exigentes. Um erro deliberado é, *de fato*, um erro – ou é, por definição, um ato intencional de teste ou experimentação?

A resposta a essa pergunta depende de como você vê a mente humana. Na clássica definição econômica do pensamento humano, a mente humana é *unitária*. Presume-se que um indivíduo opere a partir de uma única atitude mental consistente, com todas as crenças e valores alinhados. A economia tradicional é construída sobre esse pressuposto de racionalidade. Supõe-se que cada indivíduo tenha preferências (medidas por meio de funções de utilidades) claramente articuladas e consistentes, e também que cada pessoa mantenha crenças coerentes (medidas por meio de probabilidades subjetivas). Essa visão hiper-racional dos seres humanos pode ser uma ficção útil, especialmente como uma aproximação de primeira ordem aos modelos econômicos tradicionais, mas não é o que suponho aqui.

Em vez disso, peço-lhe para ver a mente humana operando em vários níveis de uma só vez, com pontos de vista alternativos e, às vezes, mesmo concorrentes. Imagine isso como diversas pessoas residindo dentro de uma só mente. E, não, não se preocupe – não estou falando sobre a luta freudiana entre o id e o superego ou invocando a noção de personalidades múltiplas. Estou me referindo à maneira pela qual uma pessoa pode estar dividida sobre uma questão complexa. Essa visão mais nuançada do pensamento tem sido comum em psicologia e também está ganhando cada vez mais força na economia, visto que as áreas de finanças e economia comportamental continuam a crescer. Como esse ponto de vista fica subjacente a meu caso para a estratégia de erros propositais, vamos examiná-lo em maior profundidade.

A mente humana contém várias camadas de funcionamento, mas, por uma questão de simplicidade, comecemos com apenas duas. Psicólogos cognitivos referem-se às duas funções primárias de nossa mente como Sistema 1 e Sistema 2. Esses dois sistemas correspondem àquilo que alguns chamam de "cérebro direito e esquerdo", outros de "intuição *versus* raciocínio analítico". Mas uma vez que esses termos carregam longos legados e tendem a se introduzir em outras noções preconcebidas, os psicólogos cognitivos preferem a neutralidade e o distanciamento clínico de seus rótulos. Aqui está como o Prêmio Nobel de Economia de 2002, Professor Daniel Kahneman, um dos principais pesquisadores cognitivos, explica a distinção. O pensamento do Sistema 1 é o mais comum e compreende "os pensamentos que vêm à mente por si sós". Como Kahneman descreve, "não é como se estivéssemos no piloto automático, mas respondemos ao mundo de uma forma da qual não temos consciência ou que não podemos controlar". Quando estamos operando no modo do Sistema 1, nossos pensamentos são "rápidos, sem esforço, associativos e, muitas vezes, emocionalmente carregados; também são regidos pelo hábito, por isso é difícil modificá-los ou controlá-los".

Para ilustrar, imaginemos o pensamento do Sistema 1 como uma pessoa, e chamemos esta pessoa de Jessie. Jessie é impulsiva e emocional, talvez um pouco imprevisível, e normalmente opera mais a partir da intuição ou do instinto visceral do que por longa deliberação. O pensamento Sistema 2, por outro lado, é nosso modo "movido pela razão". Como descrito por Kahneman: "O Sistema 2 é... consciente, deliberado; é mais lento, serial, trabalhoso e deliberadamente controlado, mas pode seguir regras."[69] Mais uma vez, apenas para nossos propósitos aqui, vamos imaginar uma pessoa chamada Max como Sistema 2. Max é disciplinado e cumpridor de regras. Max adora estruturas e nunca age sem deliberação consciente. Fica implícito nessa visão mais complexa do cérebro que nenhuma pessoa é puramente Jessie ou Max. Todos nós temos um pouco de Jessie e Max. É por isso que temos instintos e modos de ser que competem dentro de nossa mente. Situações diferentes colocarão um ou outro em posição dominante. Que uma ação seja ou não considerada um erro depende do modo de pensar que esteja atualmente dominando. Jessie, por exemplo, pode sentir que é um desperdício de tempo assistir a um filme recém-lançado, mas Max talvez consiga justificar a mesma decisão como um experimento. Para Jessie, seria um erro deliberado ver o filme, já que contrariaria um instinto inicial e o modo de decisão dominante. Por outro lado, é fácil imaginar que Max, diante de uma decisão como a escolha de uma nova contratação entre 10 candidatos entrevistados, usaria uma planilha e classificaria cada pessoa segundo um conjunto de critérios. Mas suponha que Max não se decida pelo candidato de maior pontuação, em razão da intuição de que a pessoa com a terceira pontuação é, na verdade, melhor. Para Max, esse seria um erro deliberado, já que estaria indo contra seu modo preferido de escolher.

É essa tensão entre o Sistema 1 e o Sistema 2, entre a Jessie e o Max em cada um de nós, que cria a sensação de paradoxo quando usamos a expressão "erro deliberado". Para voltar à nossa pergunta original: se uma dada ação é um erro deliberado, ou não, depende de a ação ir ou não contra a natureza de nosso estilo dominante na dada situação. Como os seres humanos usam ambos os sistemas – já que somos todos Max *e* Jessie, em diferentes misturas –, o estilo dominante de qualquer pessoa pode diferir por tipo de problema e ocasião. Você pode estar analítico quando compra um carro, mas movido por impulso quando decidir com quem casará. Você pode se comportar como Max, sereno e "movido a dados", ao discutir com seus colegas, mas aplicar um estilo Jessie, toda emoção e fogosa, ao debater com seu cônjuge. Para aqueles que tentam equilibrar esses modos cognitivos em qualquer decisão, haverá um tipo de pensamento de nível Sistema 3.[70] Isso nos leva ao complexo domínio de investigação da resolução do conflito interior, teoria da personalidade, do estilo cognitivo e da modelagem da decisão. Mas não precisamos de todo esse refinamento para minha definição de erro deliberado. É uma ação que levamos a efeito e que opera contra qualquer sistema que normalmente esteja conduzindo a uma decisão, seja o Sistema 1, 2 ou 3.

APLICAÇÕES PRÁTICAS

Em geral, os erros devem ser incentivados sempre que o aprendizado de longo prazo for mais importante para você do que o desempenho de curto prazo. Considere a estratégia de erros deliberados como uma das muitas ferramentas que os gerentes podem empregar quando operarem com o lado direito do espectro do conhecimento, como ilustrado na Figura 5-1.

FIGURA 5.1 Navegando pelo Espectro do Conhecimento

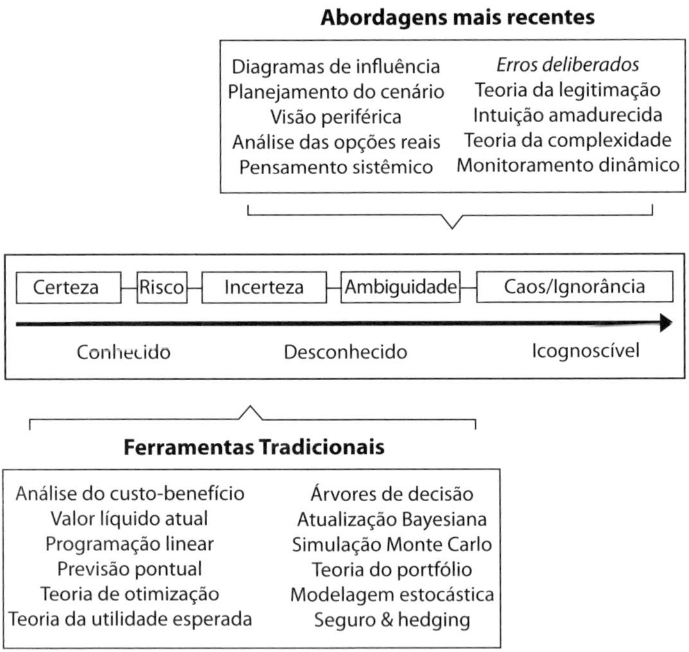

Essa figura representa um espectro do conhecimento, que vai do que podemos ter certeza até o que está fora do nosso alcance. Algumas decisões, como o que pedir para o almoço ou onde uma empresa como o McDonald's deveria optar por estabelecer seu próximo edifício, estão do lado esquerdo do espectro. Presumivelmente, você sabe o que gosta de comer e o que está disponível na loja de delicatessen do andar de baixo. Da mesma forma, a McDonald's já construiu cerca de

20 mil restaurantes em todo o mundo e dispõe de dados e experiência suficientes para apoiar qualquer escolha. Então, esse tipo de decisão se baseia em terreno altamente familiar, e as ferramentas de decisão aqui empregadas devem ser as "testadas e verdadeiras". Elas incluem técnicas de previsão, análise de Valor Presente Líquido (VPL) e vários métodos de otimização. Por exemplo, bancos que estejam decidindo sobre os pedidos de crédito de rotina podem usar, de maneira eficaz, modelos estatísticos, análise de risco e simulação de computador para otimizar sua carteira de crédito.

Mas, com frequência, deparamos com decisões que nos lançam em terreno desconhecido, por exemplo, quando entramos em um mercado desconhecido, lançamos um novo produto ou desenvolvemos uma tecnologia emergente. Essas decisões nos movem para terreno instável – o lado da extrema-direita do espectro do conhecimento, em que a incerteza e a ambiguidade, ou até a ignorância e o caos reinam. O lado direito desse espectro é onde Jessie, nosso Sistema 1 pensador intuitivo, se sente mais em casa e onde Max, nosso Sistema 2 pensador, se sente como um peixe fora d'água. O lado direito do espectro de conhecimento é onde os inventores vivem, na fronteira do conhecimento. Empreendedores também funcionam lá, vez que precisam ajustar seu modelo de negócios ou remodelar a organização de maneira contínua. Nessas circunstâncias, bons dados e fortes ferramentas analíticas não são de muita valia. Em vez disso, você precisa de ferramentas que lhe permitam aprender mais rápido e gerenciar uma situação dinâmica, fluida. Isso é onde o planejamento de cenários, os pensamentos sistêmicos e os erros deliberados podem ajudar.[71]

Existem, claro, circunstâncias em que a estratégia de erros deliberados é muito cara. Imagine uma empresa de petróleo que perfure especulativamente em novos locais. Mesmo usando os melhores modelos de decisão disponíveis, espera-se que 9 em cada 10 poços perfurados estejam secos. Há altos custos associados a cada nova perfuração. Essa empresa de petróleo deveria deliberadamente perfurar em locais em que supõe haver pouca chance de sucesso apenas para testar seus mais profundos pressupostos sobre perfuração? É provável que não – um erro desse tipo pareceria imprudente. Em situações assim, quando os erros têm alto custo, é preciso ser criterioso sobre a contrapartida entre o custo de agir de modo errado e os potenciais benefícios da aprendizagem. Isso é especialmente difícil se você não conhecer as limitações de sua base de conhecimento (quão longe está da marca), e ainda mais desafiador se não souber o que não sabe. Alguns podem argumentar que, mesmo no exemplo da perfuração, aqui, pode ser válido desafiar *alguns* pressupostos-chave, como o software do qual você depende para selecionar sua localização ou a maneira como vai desenvolver equipes para colaborar em terra. Esses "testes", no entanto, seriam mais bem abordados aos poucos – por meio de passos pequenos e de baixo risco, em vez de uma única aposta de vários milhões de dólares. Essa abordagem é conhecida como o pensamento das opções reais e aproxima-se do que recomendo aqui.[72] Mas opções reais ainda atendem ao teste ao oferecer um valor esperado positivo ou de utilidade, enquanto erros deliberados – conforme definição trazida neste livro – não atendem a esse teste.

CONDIÇÕES QUE FAVORECEM ERROS DELIBERADOS

Considerando o custo dos erros deliberados e a elevada probabilidade de falha, você precisa ser estratégico sobre quando ir ao encalço deles. De modo geral, a estratégia de cometer erros de propósito é mais eficaz quando algumas das seguintes condições são verdadeiras:

- **Há muito a ganhar em relação ao custo do erro.** No exemplo da companhia de petróleo, o alto custo de cada perfuração especulativa significa que a probabilidade de retorno de uma experiência teria de ser muito elevada para justificar um erro potencial. Por outro lado, no exemplo da Bell System, a enormidade do potencial retorno (uma redução de US$450 milhões da dívida total não paga) tornou muito mais oportuno assumir riscos que podem levar a novos insights. Em geral, o custo de um erro intencional que falha (que acaba por não ter valor) deve ser considerado em relação às potenciais recompensas (incluindo o aprendizado), se for bem-sucedido. Naturalmente, as empresas precisam limitar riscos em seus erros e evitar os que possam ser catastróficos. Testar um equipamento experimental, que se espera falhar, em um jato cheio de passageiros seria uma atitude altamente irresponsável; testá-lo em um simulador seria inteligente, porque o custo da falha é reduzido.

- **As decisões são tomadas repetidamente.** Quando pressupostos essenciais direcionam decisões tomadas com frequência, como aquelas sobre contratações, publicação de anúncios, avaliação de riscos de crédito ou promoções, a estratégia de se cometerem erros deliberados pode ser valiosa. Quando o Citibank propôs, pela primeira vez, estender o oferecimento de cartão de crédito a estudantes universitários, muitos consideraram a ideia um grande erro. De acordo com a sabedoria convencional, os alunos eram terríveis riscos de crédito – jovens imaturos sem emprego nem casa, altas dívidas e um histórico de pouco ou nenhum crédito.

  Apesar de ter sido claramente um erro pelos padrões tradicionais, o Citibank colheu recompensas elevadas, tanto em termos de uma base de clientes maior (muitos desses alunos evoluíram para valiosos clientes de longo prazo) quanto de insights derivados do experimento (muitos pais salvarão alunos portadores de cartão quando ficarem no vermelho). Novamente, como ocorreu com as decisões da Bell sobre se um depósito devia ser cobrado ou não, a nova oferta de negócios do Citibank baseava-se em decisões repetidas, frequentes e padronizadas. Nas decisões raras ou únicas, como a escolha de uma empresa de mudar de sede ou envolver-se em uma fusão, erros deliberados fazem pouco sentido. Nesses casos, é melhor confiar no senso comum, testar pressupostos fundamentais e aprender com os erros dos outros.
- **O ambiente está instável.** Sempre que o mundo muda, as pessoas e as organizações precisam cometer erros a fim de apreciar plenamente de que maneira a nova realidade afeta seu modo de funcionamento. Nessas situações, os erros são, muitas vezes, inevitáveis e inadvertidos, porque as abordagens atuais já não são eficazes. Mas cometer erros deliberados em cima dos inadvertidos pode ajudá-lo a acelerar o aprendizado.

A Procter & Gamble, por exemplo, opera no volúvel mercado de produtos ao consumidor, em que muito poucos produtos introduzidos têm sucesso. Sua política é: falhar muitas vezes, de forma rápida e barata. Quando descobriram que seus velhos modelos de desenvolvimento de produtos estavam se tornando menos eficazes, a P & G desafiou seu pressuposto de longa data de que inovações internas seriam mais bem-sucedidas e voltou-se a parceiros externos por novos produtos. Um resultado dessa nova estratégia do tipo "conecta e desenvolve" foi o altamente bem-sucedido SpinBrush.[73] Em um ambiente em mudança, a vantagem estratégica se desloca para os que aprendem mais rápido, e isso pode exigir erros deliberados.

- **O problema é complexo, e as soluções, numerosas.** Quanto mais complexo um ambiente se torna, mais provável será que sua compreensão da situação seja incompleta. Cometer erros deliberados pode ajudar a expor falhas em seus modelos mentais e revelar outras formas de abordar um problema. No negócio do entretenimento, a ascensão da TV a cabo, a internet, o TiVo e os i-dispositivos (como iPod, iPad e iPhone) criaram um ambiente complexo e multivariável. Experimentos e erros são de suma importância.

  Algumas das inovações de entretenimento de maior sucesso, dos canais 24 horas de notícias, reality shows e liberação imediata de downloads como *Desperate Housewives*, desafiaram antigos pressupostos. A indústria editorial ainda está lutando para determinar o que a proliferação da mídia eletrônica significa para seus modelos de negócios. Como ninguém sabe ao certo, aposto nesses novos participantes que têm atitudes consideradas tolas.
- **Sua experiência com um problema é limitada**. Se não estiver familiarizado com um problema, você deve ter a mente mais aberta ao abordá-lo. Suponha que a organização esteja abrindo um novo escritório no exterior ou um novo parque temático, como a Disney fez na França há algumas décadas. Será tentador aplicar modelos ou estratégias emprestados do ambiente do mercado nacional, uma vez que estes se encontram dentro de suas zonas de conforto e experiência.

A Disney fez exatamente isso e acabou com uma Disneyland Paris quase falida, também conhecida como EuroDisney. A alta direção levou muito tempo para perceber que o modelo de mercado nacional não se encaixava bem no novo ambiente. Por exemplo, a EuroDisney não servia álcool no novo parque temático e estimou mal quanto tempo os pais estariam dispostos a esperar em filas por passeios ou para gastar em comida e acessórios.[74] Cometer erros deliberados no início – como servir vinho na EuroDisney – podia ajudar a apressar o novo aprendizado que pode ser exigido para estabelecer uma cabeça de ponte em um novo mercado.

Nos anos 1980, a maioria das grandes mercearias tinha pouca experiência com alimentos orgânicos. As vendas de alimentos orgânicos eram, muitas vezes, relegadas a lojas de produtos naturais. Presumia-se que apenas uma pequena minoria dos compradores estava investida o suficiente da ideia de orgânico para procurar esses produtos. Mas suponha que as grandes lojas tivessem cometido o erro de dedicar grande parte de seus espaços a esse mercado crescente – ou mesmo estabelecer cadeias independentes? Isso foi essencialmente o que a Whole Foods Market fez quando fundou sua primeira lojinha, em Austin, Texas, em 1980. Agora a Whole Foods tem mais de 300 lojas na América do Norte e no Reino Unido, com um valor de mercado superior a US$11 bilhões. A Whole Foods explorou uma das partes de crescimento mais rápido do mercado e desfrutou um crescimento de 20% anual por muitos anos. Os supermercados mais tradicionais estão tentando acompanhar o passo, expandindo suas seções de alimentos orgânicos. Esses atores tradicionais poderiam ter aprendido mais rápido se tivessem cometido um erro nessa arena orgânica antes que a Whole Foods se tornasse um ator dominante?

EXPLORANDO SUA DISPOSIÇÃO DE COMETER ERROS

Num mundo em que os resultados nunca são seguros, seria possível argumentar que toda ação tem o potencial de ser um erro. Gestores fazem experiências o tempo todo, de maneira tanto formal quanto informal, mas é importante distinguir entre essas experiências e os erros reais, deliberados. A crítica distinção reside na expectativa de sucesso do gestor – não apenas a probabilidade de bons resultados, mas um retorno esperado positivo. Enfatizo o último critério a fim de cobrir experiências com muito baixa probabilidade de sucesso, mas com um retorno potencial elevado o suficiente para compensar o risco. A execução de uma experiência que custa US$1 milhão, com uma chance de sucesso de apenas 10% e um retorno de US$15 milhões, se bem-sucedida, não se qualifica como erro deliberado. É uma experiência inteligente, com um valor esperado positivo de US$500 mil, ou seja, 10% de US$15 milhões menos US$1 milhão. Além disso, o critério relevante não precisa ser dinheiro – em princípio, incluiria qualquer coisa que ficasse no âmbito da noção de valor ou utilidade do economista.

O termo *utilidade* abrange qualquer resultado potencial de decisão, ou retorno, que possa produzir prazer ou dor. A utilidade pode ser medida em dólares e centavos ou métricas menos tangíveis, como o impacto na reputação da empresa, o moral dos empregados ou o risco de receber uma multa regulamentar. Utilidade, então, é o padrão de ouro contra o qual julgamos se uma ação é uma experiência sensata ou um erro deliberado. Se há a *expectativa* de produzir utilidade positiva (em comparação a não executá-la), ela pode, então, ser categorizada como o primeiro; se a utilidade positiva *não* for esperada, trata-se do último. Uma cartilha bem básica sobre a teoria da utilidade esperada é oferecida no Apêndice B.

Inserido na noção de utilidade esperada, está o conceito de tolerância do indivíduo ao risco. Um teste proposto pode ter uma utilidade esperada positiva para uma pessoa e uma negativa para outra. A única diferença poderia ser a tolerância ao risco de cada uma. Por exemplo, você pode rejeitar a chance de atirar uma moeda ao ar por US$100, enquanto seu amigo pode aceitá-la. Supondo que ambos concordem com os resultados possíveis (ganhar US$100 ou perder US$100) e as probabilidades relevantes (uma aposta de meio a meio), suas escolhas opostas refletem diferenças em sua atitude de risco. Cada um de vocês pode ter tomado a decisão certa, dada sua tolerância ao jogo.

Em suma, a definição de um erro deliberado é uma ação que segundo nossa percepção – quando vista em um modo analítico de pensamento – produz menos utilidade esperada do que não se realizando o teste. A única razão para os gestores permitirem esses erros é o reconhecimento de que "o modo normal de pensar" pode ser falho. O principal objetivo dos erros deliberados, portanto, é testar a validade dos pressupostos ocultos que são difíceis, se não impossíveis, de analisar em um quadro de utilidade esperada. Isso não encontra fácil aceitação em organizações rígidas, mas deve ser natural para aquelas que adotam inovação e aprendizagem.

Muito se tem escrito sobre a resistência das organizações à mudança e à experimentação de qualquer espécie – quanto mais sobre erros deliberados. Uma variedade de causas tem sido proposta para essa resistência, desde estruturas de incentivo até regras culturais para modelos mentais. Não obstante a causa, está bem claro que desafiar a lógica dominante de uma organização é quase impossível, a menos que essas indagações contem com o apoio da liderança sênior. Mesmo que exista apoio sênior, as empresas ainda podem falhar, como a pesquisa sobre tecnologias disruptivas tem mostrado.[75] Precisamente porque os gerentes seguem boas práticas e fazem tudo certo, podem adotar a estratégia atual por tempo demasiado, como os empreendedores cautelosos que falham, afundando com o navio de seus planos de negócio originais. Em essência, essas empresas ficam presas pelo viés do *status quo*. Se os líderes reconhecerem que suas empresas podem malograr, mesmo que façam tudo certo (a julgar pela lógica dominante da empresa e pelo passado), cabe a eles fazer algumas coisas erradas de propósito.

Na tentativa de combater o viés do *status quo*, os líderes usam uma variedade de métodos e técnicas, de projetos especialíssimos a feiras de risco para a formação e a experimentação oficial.[76] Entretanto, essas abordagens raramente se erguem até o nível dos erros deliberados. A maioria dessas experiências pode ser justificada em um quadro de utilidade esperada. Por exemplo, uma empresa de fundos de risco pode investir em ideias arriscadas ou não comprovadas, mas estas têm sido normalmente examinadas por uma comissão ou pelo menos aprovadas por um responsável da administração sênior. Um fundo para o erro, por outro lado, alocaria um pequeno financiamento inicial para as ideias defendidas por funcionários, reconhecendo que a administração sênior nem sempre tem o quadro correto para avaliar investimentos diferentes. Se esses esforços renderem bons resultados, desafiariam a perspectiva da administração sênior e abririam novas portas para o sucesso. A Google talvez seja a empresa mais próxima de adotar essa abordagem.

Na prática, a maioria das organizações está muito menos disposta à experiência do que deveria estar. Normalmente, uma organização terá algumas áreas fechadas, como P & D ou pesquisa de mercado, onde a experimentação é tacitamente permitida, mas o restante dos empregados deve operar de modo a priorizar o desempenho, em detrimento do aprendizado. É preciso ter uma notável destreza organizacional para encontrar equilíbrio entre essas orientações antiéticas. Testar pressupostos profundos de forma inteligente é uma arte, exigindo grande coragem. Com efeito, quanto mais bem-sucedido e famoso você for, mais desafiador pode ser examinar seus próprios pressupostos e modelo mental. Entretanto, essa humildade pode ser exatamente a chave para o sucesso futuro, pois o mundo à sua volta certamente mudará. O teste a seguir permite avaliar se você – ou sua empresa – está pronto para embarcar em nosso caminho contraintuitivo da descoberta. Autoavaliações adicionais podem ser encontradas no excelente livro de Alina Tugend *Sem medo de errar* (Zahar, 2012). Ele inclui um interessante teste de perfeccionismo; os que conseguem uma pontuação alta têm medo e, com frequência, não aprendem tanto quanto poderiam com os erros.[77]

PRONTOS PARA ERROS DELIBERADOS?

Você pode responder às questões da perspectiva de si mesmo como um gerente, sua unidade organizacional, a organização como um todo, o CEO ou até a diretoria. Pontue cada questão do seguinte modo: 1 = definitivamente não; 4 = até certo ponto; 7 = definitivamente sim.

1. Você acha que muitas de suas crenças cruciais sobre sua empresa podem, de fato, estar erradas?

2. Você já fez alguma coisa contra seu melhor critério só para ver o que aconteceria?
3. Você já deu um prêmio a alguém que tentou algo novo que não funcionou?
4. Quando confrontado com dados intrigantes, você insiste naturalmente em muitas explicações?
5. Você é visto como um inovador em sua área – como alguém que desafia a sabedoria recebida?
6. Você já tentou sistematicamente identificar seus pressupostos empresariais implícitos?
7. Você é tolerante com dissidentes – isto é, pessoas que têm pontos de vista incomuns ou contrários?
8. Você valoriza a cultura de aprendizagem, além da cultura de desempenho?
9. Sua indústria tem testemunhado súbitas alterações com o surgimento de novos modelos de negócios?
10. O sucesso passado o tornou complacente ou talvez até mesmo arrogante; há alguma soberba nisso?

Quanto maior sua pontuação total (com um máximo de 70), mais pronto você está para começar a implementar a estratégia de erros deliberados. Se sua pontuação for muito alta (mais de 60), você já pode estar fazendo boa parte do que recomendo neste livro. Se sua pontuação for baixa (menos de 30), você precisa praticar o que pregamos. Há grandes oportunidades para você, mesmo que possa parecer assustador empreender esse novo curso. Peça a pessoas a seu redor para lerem este capítulo e incentive o debate interno. Alinhe defensores de nível superior. Encontre os que apoiarão essas mudanças e tranquilize os funcionários quanto a não serem punidos por seus erros.

UMA MENTE ABERTA É UMA MENTE FÉRTIL

Muitas ideias brilhantes parecem erros no início. A técnica padrão de geração de ideias gerando-as primeiro (sem prejulgar seu mérito) e depois as avaliando faz sentido. De modo cognitivo, essa é uma divisão eficaz do trabalho; sua mente usa áreas diferentes quando pensa de modo expansivo *versus* crítico. Algumas organizações levam essa ideia adiante criando grupos de geração de ideias composta por pessoas conhecidas por seu pensamento inovador. O Homeland Security, por exemplo, formou um grupo chamado Sigma, que explora a imaginação selvagem de pensadores autodescritos como de comportamento diferente: escritores de ficção científica. O objetivo do Sigma é aconselhar funcionários do governo sobre o impensável.[78]

Como parecerá a sociedade após um holocausto nuclear? Como os terroristas poderão frustrar a defesa nacional? Por mais inverossímil que isso possa parecer, a ideia tem um precedente histórico: o escritor de ficção científica H.G. Wells (1866-1946) imaginou bombas atômicas, aviões, televisores e controles de joystick décadas antes de serem descobertos. O grupo Sigma opera sob o lema "Ficção Científica no Interesse Nacional" e se vê como "um louco bem-qualificado" que pode antecipar um ataque não convencional e/ou uma defesa genial. Muitas de suas ideias permanecem em sigilo por questão de segurança, mas a intenção é óbvia. Quando surgiu o assunto de cães farejadores de bombas, não demorou muito para que conseguissem um casquete de escaneamento cranial para cachorrinhos a fim de diagnosticar que tipo de explosivos eles haviam farejado.

As empresas estão repletas de exemplos de ideias "equivocadas" que acabaram por ser brilhantes (e não apenas devido à pura sorte). A segunda coluna da tabela que se segue lista vários erros do passado de diversas indústrias que acabaram sendo bem-sucedidos. Na época, muitos pareciam loucura, e seus defensores eram, muitas vezes, ridicularizados. Essa é apenas uma pequena lista das inúmeras inovações que ocorreram ao longo de muitos séculos, o que prova que essas crenças do passado estavam erradas. De fato, por definição, uma inovação desafia a sabedoria recebida, oferecendo uma nova forma de conseguir um efeito desejado. Nessa intenção, e para adicionar um pouco de tempero, a terceira coluna oferece algumas ideias "bobas", que a maioria dos líderes da indústria hoje consideraria erradas. Cada ideia aqui se destina a desafiar a sabedoria convencional, como observado na última coluna. Deixamos as pessoas que trabalham em cada indústria descobrir quais dessas ideias são loucas, promissoras ou talvez geniais. Infelizmente, aqueles que conhecem bem a indústria podem não ser os melhores juízes; as inovações brilhantes com frequência vêm de fora da indústria.

Indústria	Erros Passados	Erros de Hoje	Sabedoria Convencional
Automóvel	Voltar aos carros retrô (VW Beetle, PT Cruiser); segurança enfatizada do Volvo; qualidade crescente do Toyota sem aumento do custo	Carros descartáveis, recicláveis (ecológicos) e com preços tão baixos que a confiabilidade não é um problema (por exemplo, a Tata Motors lançou um carro de US$2.500 na Índia)	Confiabilidade ou qualidade é a prioridade
Sistema Bancário	Substituir caixas humanos por tecnologia (caixas eletrônicos); aprovação imediata de empréstimo; empréstimos a supostos riscos ruins (cartões de crédito para estudantes universitários, microcrédito)	Bancos em vans – entrega de dinheiro em domicílio e outros serviços bancários; bancos totalmente virtuais e sem papel; seguro de riqueza ou renda (para garantir a preservação do capital ou da renda)	Um banco sem uma filial não é um banco; investir é inerentemente arriscado (sem garantias)
Televisão, cabo e entretenimento	Notícias por 24 horas; reality shows; concurso de talentos; filmes que fazem dormir, como *A paixão de Cristo*	O uso de blogs de multimídia para substituir grandes apresentadores com seleções de relatos amadores caseiros	O público quer cabeças falantes de boa aparência que sejam verdadeiros experts
Animais de estimação	Hipermercados, serviços de toalete, psiquiatria, seguro-saúde, cemitérios e planejamento imobiliário para animais de estimação	Restaurantes e drive-thrus para animais de estimação	Animais ocupam uma posição inferior em relação às crianças, no que concerne a cuidados das pessoas e orçamento
Companhias aéreas	De baixo orçamento, ponto a ponto (Southwest); programas de passageiro frequente (American Airlines); massagens na poltrona (Virgin); propriedade compartilhada de um avião particular	Serviço porta a porta, combinando as partes aérea e terrestre, e lembranças das férias (fazendo o download de fotos a caminho de casa); voos do tipo "swinger", em que vale tudo	As linhas aéreas transportam as pessoas do ponto A ao ponto B da forma mais segura e barata possível
Incorporadoras imobiliárias	Habitação modular e pré-fabricada; compartilhamento	Usado a fim de obter lucro, o modelo Habitat para a Humanidade para "construa sua própria" habitação de baixo custo	Apenas pessoas das fronteiras constroem suas próprias casas

Indústria	Erros Passados	Erros de Hoje	Sabedoria Convencional
Assistência médica	Planos de saúde; ambulatórios; medicinas alternativas	Oferecer cuidados de saúde terceirizados a médicos indianos por custos mais baixos (por telefone, internet ou turismo médico)	Os pacientes querem profissionais locais que sejam como eles
Varejo de computadores pessoais	Eliminar o estoque (Dell)	Ganhar dinheiro com banners publicitários e subscrições	Não se consegue ganhar dinheiro dando-o todo
Tabaco	cigarros com filtro; cigarros sem tabaco	Vender apólices de seguro de saúde a fumantes (para evitar ações judiciais)	Não estamos no negócio da saúde, mas no do pecado
Publicidade	Colocação do produto; marketing boca a boca e viral; endossos de celebridades (Tiger Woods)	Investir o orçamento de publicidade no desenvolvimento dos produtos, oferecer serviço de telefone celular gratuito/de baixo custo em troca de anúncios de telefone celular	A publicidade merece uma identidade própria, nos orçamentos e de outras maneiras
Indústria fonográfica	Fazer download e compartilhar arquivos de música; vender álbuns digitalmente por canção	Dar crédito ao comércio de músicas antigas (por exemplo, retornando a parte não utilizada de downloads fixos)	*Vendemos* música
Varejo de alimentos	Lojas de conveniência (preços altos)	Loja de inconveniência – preços altos, localizações ruins –, mas grande entretenimento e atmosfera chique (Starbucks dos mantimentos)	Nossas estreitas margens não permitiriam isso (lembre-se das massagens da Virgin, a 30 mil pés, e seleção pessoal de filme na classe econômica)
Seguro	Vender produtos dos concorrentes (Progressive); fazer de um lagarto seu porta-voz (Geico); construir uma marca em um curto período usando um pato (Aflac)	Exigir formação do cliente na tomada de decisões e redução de risco em troca de pagamentos mais baixos; oferecer seguro de longevidade (proteção contra sobreviver a seus ativos)	A tábua atuarial é o altar no qual oramos
Equipamentos de escritório	Copiadora pessoal	Combinação de impressora/ copiadora/ fax e máquina de karaokê – melhorando a cultura de escritório e a produtividade	Não misturemos negócios com prazer

Indústria	Erros Passados	Erros de Hoje	Sabedoria Convencional
Aluguel de automóveis	Focando nas locações fora dos aeroportos (como a Enterprise fez)	Oferecer aluguel de carro e motorista incluído (para servir ao segmento de idosos ou de empresas), mais conveniente e de custo menor que as limusines.	É tudo sobre a localização de alimentação (por exemplo, aeroporto), os carros, os preços e a marca
Militar	Uso de tecnologia comercial no campo de batalha (soldados usando BlackBerrys); no Iraque, os comandantes gostariam de ter mais PCs do que balas	Deixe amadores projetarem veículos não tripulados de campo de batalha por meio de uma competição premiada. O primeiro rally de deserto da DARPA (Defense Advanced Research Projects Agency) não teve finalistas (todos errados); no ano seguinte, todos os participantes terminaram a corrida	Equipamento militar sofisticado deveria ser deixado para os especialistas militares
Viagem espacial	Lançamento para a Lua; satélites de comunicação	Viagens espaciais comerciais e de recursos minerais naturais (metais preciosos e meteoritos)	É muito cedo, caro e arriscado minerar o espaço
Educação	Cursos sem diploma e educação continuada	Revogar diplomas obsoletos ou que requeiram atualizações periódicas	Um diploma é um diploma é um diploma (é uma certificação atemporal, imutável)

Legenda da Coluna

- **"Erros" passados:** ideias novas no momento em que realmente violaram a sabedoria convencional e revelaram-se geniais quando lançadas.
- **"Erros" de hoje:** ideias novas que violam a sabedoria convencional de hoje e provavelmente serão recusadas como idiotas, mas que podem, de fato, vir a ser brilhantes (essa lista é especulativa, é claro, e o autor não oferece a garantia da devolução do dinheiro).
- **Sabedoria Convencional:** um pressuposto generalizado corrente que impede a ideia à esquerda de ser levada a sério pela maioria dos especialistas da indústria, o que pode, no futuro, ser marcado como um ponto cego.

CAPÍTULO 6

Portfólio de erros
Fazendo o hedge da sabedoria convencional

Nunca teste a profundidade de um rio com os dois pés.

PROVÉRBIO AFRICANO[79]

No último capítulo, apresentei o caso do erro proposital, deliberado, com a finalidade de acelerar a aprendizagem e ganhar vantagem competitiva em um mundo incerto. Neste capítulo, levarei essa ideia um passo adiante e defenderei a sabedoria de cometer *muitos* erros como forma de fazer a cobertura contra o excesso de confiança na sabedoria convencional. Apresento as virtudes de uma ousada abordagem experimental a fim de que você cometa erros em sua vida pessoal, familiar, organização e na sociedade em geral. Como aconselha o provérbio africano no início do capítulo, a pessoa sábia jamais se atira em qualquer pressuposto com total abandono. Deve manter um pé em terra familiar, especialmente se o rio que estiver testando com o outro pé for largo, profundo, rápido ou desconhecido.

À primeira vista, a noção de se envolver em vários erros pode parecer radical. Pode deixá-lo nervoso, ou pode só não parecer certo. Se um erro acaba mal, diversos erros não correm o risco de... bem, acabar *muito* mal? Não necessariamente. O segredo é diversificar o risco. Como estabelecemos nos capítulos anteriores, os erros são como investimentos financeiros – que implicam riscos inerentes enquanto oferecem o retorno potencial de novas ideias e oportunidades. A lógica subjacente de um portfólio financeiro é que a disseminação de seu risco por várias cestas reduz a desvantagem total. A ideia básica por trás dessa estratégia de diversificação é simples: não coloque todos os ovos na mesma cesta. O mesmo se aplica a erros. Assim como ocorre com opções financeiras, é sábio estabelecer uma carteira variada de falhas potenciais a fim de que algumas possam vir a ser erros incríveis.

OS BENEFÍCIOS DE UM PORTFÓLIO

Se aceitar a premissa de que os erros, como as aplicações financeiras, devem ser distribuídos em diversas cestas, uma pergunta prática permanece. Como, exatamente, colocar essa ideia em prática? Você poderia recorrer a um consultor financeiro ou estudar os mercados para entender como gerenciar um portfólio financeiro. Mas que princípios aplicar quando se pensa em uma carteira de erros? Quanta diversificação é ideal, e o que sequer pareceria um grau adequado de diversificação na vida real?

Comecemos com um simples exemplo do mundo real: uma família que esteja planejando férias no exterior. Talvez estejam um pouco ansiosos, então pensam sobre o que poderiam fazer para minimizar perdas catastróficas. Os pais decidem voar em aviões separados a fim de garantir que as crianças não acabem órfãs. Além disso, resolvem dividir seu dinheiro, de modo que, se um deles for roubado, não tenham de acabar implorando a um táxi para levá-los de volta ao hotel. Você pode olhar essa família e argumentar que, por suas ações, *dobraram* as chances de algo ruim acontecer. (Você também pode especular se suas táticas extremas podem estar assustando seus filhos – mas isso pertence a outro livro.) Mas se um acidente viesse a ocorrer, a perda dessa família estaria limitada a cerca de metade da perda total potencial.

Este exemplo se baseia, é claro, na ideia de que os pais são igualmente cuidadosos e não divergem em suas propensões a ser azarados ou tolos. Na vida real – como ocorre com os investimentos financeiros –, nada nunca é tão claro e evidente. Os níveis de prudência dos pais são suscetíveis à variação – talvez um deles seja do tipo que tende a pôr as chaves fora do lugar, demora em bares escuros ou mostra seu dinheiro nas plataformas de metrô lotado. Além disso, os riscos que esses pais enfrentam podem não ser independentes – uma erupção de batedores de carteira na cidade que esses pais estivessem visitando afetaria a ambos, assim como a recessão afeta negativamente a maior parte da compensação das ações de um portfólio. Na linguagem da teoria do portfólio, é preciso explicar as *correlações* entre os vários investimentos. Gente de finanças se refere a isso como matriz de covariância, e isso é o que permite ao investidor elaborar um portfólio inteligente. O Apêndice C discute isso mais formalmente: um investimento que oferece um retorno esperado negativo ainda pode ser atraente quando visto no contexto de portfólio. Mas se assim for, deve evidenciar uma suficiente correlação negativa com os outros investimentos em seu portfólio.

Além disso, há o pressuposto na teoria do portfólio de que o investidor é avesso ao risco. Ao aplicar esses conhecimentos à sua própria vida, é preciso considerar qual é, de fato, sua própria atitude de risco. Você pode ser o tipo que gosta de ter todos os seus ativos em uma cesta, de modo a poder vigiá-la como um falcão. Ou talvez prefira espalhar sua riqueza por muitas cestas e aceitar o fato de que não será capaz de dar a atenção desejada a cada uma. Se assim for, estará aumentando a chance de sofrer *alguma* perda, mas com o benefício do menor risco de perder tudo. Quanto mais avesso ao risco, mais deve desejar diversificar seus investimentos – a ponto de cometer erros deliberados. Pode parecer um pouco contraintuitivo que, quanto mais avesso ao risco, mais deva cometer erros propositais como cobertura contra a sabedoria da multidão de estar errada. Mas isso é claramente o que a teoria do portfólio implica (como mostrado no Apêndice C).

O pensamento de portfóloio vai contra a natureza

Apesar de sua lógica inerente, o pensamento de portfólio parece ir contra a natureza humana. Exige que olhemos para os problemas não de forma isolada, mas em conjunto. Embora pareça simples, isso não é algo que a mente humana faça naturalmente. É muito mais fácil resolver um problema de cada vez do que resolver vários problemas simultaneamente. Nós todos sofremos de atenção e capacidade de memória limitada. É mais fácil manter problemas dentro de caixas separadas; faz os problemas parecerem mais fáceis de compreender.

Para ilustrar, imagine que eu o convide a tomar duas decisões. A primeira requer que escolha entre opções de onde você está para ganhar algum dinheiro. Especificamente, ofereço-lhe US$240 em dinheiro, ou você pode girar uma roda do azar que lhe oferece uma chance de 25% de obter US$1 mil e 75% de sair de mãos vazias. Enquanto tenta resolver, no entanto, eu lhe digo que também precisará tomar uma segunda decisão – dessa vez envolvendo perdas. Você tem de me deixar chegar a seu cofrinho e tirar US$750. Como alternativa, você pode girar outra roda do azar em que a chance de não perder nada é de 25%, mas há uma chance de 75% de perder ainda mais – neste caso, US$1 mil.

Confuso? Vou simplificar. Vou lhe dar este mapa:

Decisão 1: Escolha A ou B

A) Ganho seguro de US$240

B) 25% de chance de ganhar US$1 mil e
75% de obter US$0

Decisão 2: Escolha C ou D

C) Perda segura de US$750

D) 75% de chance de perder de US$1 mil e
25% de perder US$0

Então: o que vai decidir? Se for como a maioria das pessoas, escolherá A na situação 1 e D na situação 2. Isso significa que pegará US$240 em dinheiro e, então, apostará em suas possibilidades em termos de escapar a qualquer perda. Isso soa bem, não é?

Infelizmente, você não teria tomado a decisão mais sábia, dado este conjunto de circunstâncias. Se considerar o problema do ponto de vista do portfólio, veria que enfrenta não dois, mas *quatro* opções: AC, AD, BC e BD. Como mostrado na Figura 6-1, o retorno desses quatro perfis de escolha diferem de maneira significativa. O que a maioria das pessoas escolhe – AD – é inferior à combinação BC. Embora as probabilidades não difiram entre esses dois perfis, a combinação AD oferece menos remuneração (US$240 contra US$250) e mais perda potencial que a BC (– US$760 *versus* – US$750). Na escolha de AD, você não aproveitou bem sua chance de se afastar de mim com mais dinheiro nas mãos.

FIGURA 6.1 Olhou da Perspectiva do Portfólio?

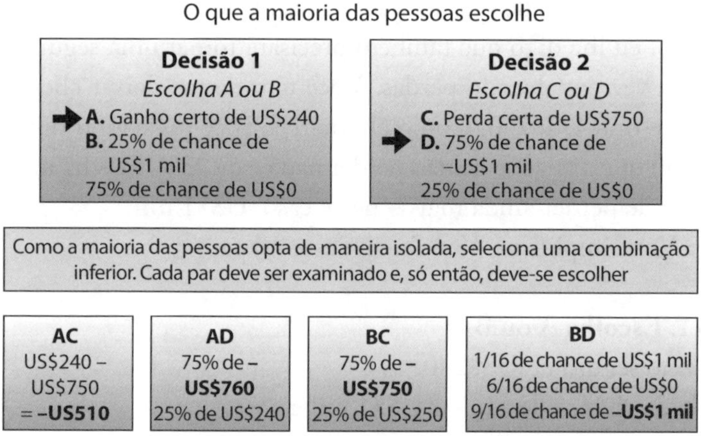

Não se desespere se escolher mal: poucas pessoas olham, de maneira natural, para as duas decisões e seus resultados simultaneamente. Em vez disso, a maioria de nós examina cada escolha separada da outra. Os psicólogos Kahneman e Tversky usaram este exemplo para demonstrar o que denominaram o *efeito isolamento:* nossa tendência de olhar para os problemas, um de cada vez, sem pensar muito sobre o efeito combinado de nossas escolhas.[80] Também encontramos esse problema quando se pensa sobre erros. A lição é clara: um portfólio de erros, quando sabiamente gerenciado e entendido como interdependente, oferece maior oportunidade para uma remuneração positiva que um erro cometido isoladamente. A próxima pergunta então é: qual portfólio de erros você deve criar, a fim de testar os pressupostos-chave?

A pesquisa em teoria do portfólio tem provado amplamente os benefícios da diversificação e da cobertura de investimentos financeiros. Aplicaremos essas mesmas ideias a erros. Tal como ocorre com os investimentos, o truque é aumentar seu retorno esperado, limitando a desvantagem potencial da perda. Você quer criar deliberadamente o equilíbrio de riscos em seu portfólio de erros. Essa abordagem se torna especialmente atraente se os vários ovos em sua cesta de portfólio não forem estatisticamente independentes, mas negativamente correlacionados. Depois de entender o grau de correlação inversa com as outras apostas nas quais pode investir, você pode começar a fazer cobertura. *Cobertura* significa efetuar apostas que gerem retorno quando as coisas não saírem como esperado. Envolvemo-nos em cobertura o tempo todo em termos de autoproteção; é o cinto de segurança que você afivela ao dirigir, o paraquedas extra que você coloca antes de saltar do avião. O objetivo é projetar um portfólio bem coberto, de forma que, se um dos componentes declinar, será parcialmente compensado pelo aumento de outro.

Erros incríveis oferecem a maior cobertura de todas, já que têm a maior correlação negativa com a sabedoria convencional. Quanto mais a visão de consenso acaba por ser correta (algo impossível de se saber antes do tempo), menos provável é que seus erros deliberados tenham sucesso. Por outro lado, no entanto, quando os pontos de vista prevalecentes em uma sociedade ou uma organização estão errados, há uma chance maior de que um ato divergente produza surpresa e um novo insight. Já que a maioria de nós está fortemente investida da sabedoria convencional de nossa cultura – em termos de como vivemos, trabalhamos e investimos –, vale a pena apostar em um erro.

Fazendo muitas Apostas Pequenas: a Abordagem de Portfólio

Esse tipo de abordagem de cobertura foi utilizado com sucesso pela DARPA do Pentágono no desenvolvimento de veículos robóticos. O Congresso exigiu que até 2015, pelo menos um terço dos veículos militares terrestres da DARPA fossem não tripulados. Dada essa intensa pressão, você pode esperar que a DARPA procure as pessoas e as empresas mais experientes em todo o mundo para ajudar a projetar e desenvolver protótipos. Mas eles não fizeram isso. Em vez disso, cometeram o "erro" de se voltar a amadores. Em 2004, convidaram inventores e engenheiros empresariais de todos os tipos para apresentar modelos de veículos não tripulados e trazer seus produtos a Nevada para uma corrida pelo deserto. Ofereceram ao vencedor um prêmio de US$1 milhão.

A DARPA estava bem consciente de que seu processo provocaria muitos fracassos. A primeira vez, em 2004, os resultados foram, de fato, desanimadores. Os competidores mal conseguiram sair da linha de partida. Nesse ponto, teria sido fácil abandonar todo o conceito e recorrer a especialistas reconhecidos, mas a DARPA continuou a pressionar. Repetiram o concurso no ano seguinte e até aumentaram o prêmio em dinheiro para US$2 milhões – essencialmente, em termos de apostadores, dobrando sua aposta original. Na corrida de 2005, cinco veículos terminaram os 228km. Um Volkswagen Touareg modificado, criado por uma equipe da Stanford University, levou o prêmio. Isso era progresso de verdade; e pôs a DARPA em um caminho para atender a exigência do Congresso. Ao encorajar de modo explícito uma elevada taxa de insucesso por intermédio do erro de usar amadores, a DARPA foi capaz de construir um portfólio que continha muitos erros e alguns êxitos.

Uma abordagem semelhante foi adotada recentemente pela DEFCON, uma bem conhecida conferência de computador e segurança operando no lado obscuro da internet. Ela foi criada por hackers amadores em 1992 e tornou-se a mais longa e a maior conferência de especialistas hackers underground do mundo.[81] Agora também participam especialistas de TI corporativos, programadores e empresas de software. Nos DEFCONs anteriores, hackers e especialistas em tecnologia, cujo trabalho é monitorar e mitigar seus danos, reuniram-se para compartilhar táticas e ideias. No DEFCON mais recente, os organizadores convidaram adolescentes e até pré-adolescentes a participar. Pareceria um erro permitir a participação de crianças nessa sofisticada conferência. Os organizadores devem ter se preocupado com a possibilidade de que hackers mais velhos se sentissem tolerantes ou que os sérios resultados de anos anteriores, que haviam esperado, estivessem diluídos. Mas no final, ficaram intrigados com o surgimento de alguns hackers muito jovens, verdadeiramente geniais.

Por exemplo, uma menina de 10 anos, que atende pelo nome de CyFi no ciberespaço, conseguiu entrar no jogo para celular FarmVille a fim de acelerar seu enredo lento, sinuoso. Para isso, ela havia hackeado as plataformas Android e iOS – que antes se supunham impenetráveis – e alterou a velocidade do relógio do FarmVille. Em DEFCON, CyFi apresentou sua estratégia para uma audiência de 100 pessoas, sem identificar suas metas específicas. Assim, advertiu os fabricantes de jogos de que eram vulneráveis a ataques. E não são apenas fabricantes de jogos que ficam de olho nos procedimentos do DEFCON: agências governamentais como a NASA e a Homeland Security expressaram interesse em se conectar com a DEFCON. Querem aprender os últimos truques e também esperam convencer os jovens talentosos a aplicar seus dons especiais de programação em fins mais positivos que hackear. Em especial, a National Security Agency (NSA) participou do mais recente DEFCON e, pouco depois, anunciou planos para contratar 1.500 ciber-especialistas para combater fraudes de computador e hackers.

Tanto o exemplo da DARPA quanto o da DEFCON demonstram como um ecossistema de erros, ou um portfólio de riscos, pode gerar alguns êxitos. A DARPA poderia ter seguido um projeto de abordagem lógica mais direta, voltando-se aos laboratórios de pesquisa do topo. Em vez disso, usou uma abordagem não tripulada, uma louca corrida de rua que aproveitou novas fontes de inovação. Do mesmo modo, a DEFCON poderia ter restringido a presença de hackers adultos, mas ao permitir a entrada de crianças, emprestou à conferência tanto riqueza de conteúdo quanto interesse público, gerando publicidade adicional e financiamento.

Diversidade de Gestão: A Chave para o Pensamento de Portfólio

Ao propor uma abordagem de portfólio, argumentei primeiro que a diversificação é uma boa maneira de se administrar o risco global. Em seguida, exploramos alguns exemplos – um imaginário (o jogo das duas decisões) e dois "reais" (DARPA e DEFCON) – para ilustrar como princípios de portfólio podem elevar o nível médio do desempenho, reduzindo riscos desnecessários. Como observado, modelos de portfólio são comumente usados em finanças para melhor equilibrar o risco e o retorno. No entanto, suas premissas centrais já se estendem bem além das finanças, em estratégia (produto e portfólio de mercado), bem como a inovação (opções e canais de crescimento). Por extensão, o pensamento de portfólio também se aplica a cometer erros. Em determinado ponto do tempo, precisamos nos expor a experiências suficientes, incluindo os erros deliberados, a fim de acelerar nossa curva de aprendizagem.[82]

Além de diversificar o portfólio em termos de "perfil do risco" de cada elemento, também é aconselhável diversificar em termos dos cronogramas de resultados esperados. Esse tipo de cobertura longitudinal é especialmente crucial em indústrias com longos canais de inovação, como as empresas farmacêuticas. A robustez do canal de uma empresa de produtos farmacêuticos é avaliada não apenas pelo potencial de produtos que hoje oferece, mas em termos de oportunidades de longo prazo na produção, nos vários estágios de P & D e no processo de aprovação da FDA.

Levando essa ideia adiante, as empresas devem definir seus portfólios não apenas em termos de produto, mas também em termos de regiões geográficas do mundo (sua marca global), suas competências organizacionais (banco de talentos), plataformas de tecnologia, alianças ou redes, valores culturais e, na verdade, qualquer forma de ativo que possa atribuir valor à empresa. Em outras palavras, *um portfólio de erros deve apontar para a diversidade ao longo de diversas dimensões.* Como mostrado na Figura 6-2, as empresas precisam de um conjunto equilibrado de experimentos inteligentes, incluindo alguns erros deliberados, de modo a abrir surpreendentes portais de descoberta. Por exemplo, ao explorar um novo terreno (mercados, produtos, tecnologias, regiões), de que maneira o pensamento de portfólio pode ajudar? Como as empresas podem desenvolver estratégias de longo prazo onde a aprendizagem originada de um projeto estabelece oportunidades de descoberta para o próximo?[83] Tal como acontece com os fundos de capital de risco e portfólios de opções reais em geral, só com alguns projetos no portfólio de erros se tem a expectativa de obter rendimentos elevados o suficiente para compensar os muitos que falham.

FIGURA 6.2 Projetando seu Portfólio de Erros

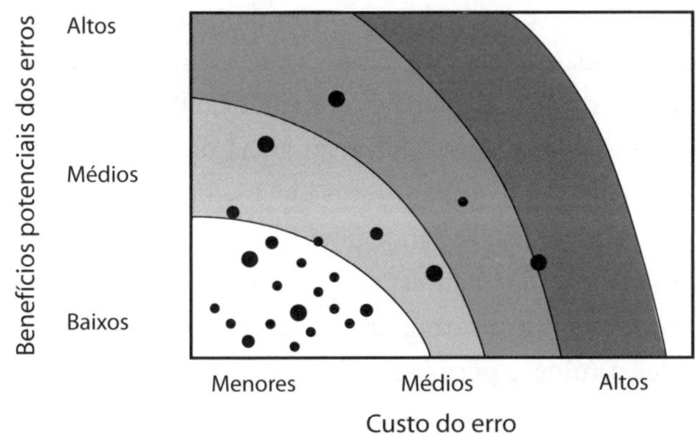

Nota: O tamanho dos pontos reflete o valor do investimento

Nos projetos de portfólios de erros, um dos principais desafios é o número quase ilimitado de pressupostos que poderíamos, em tese, testar. Ao contrário de ações em um portfólio financeiro, onde se pode facilmente entrar e sair de qualquer investimento, as opções em um portfólio de erro levam tempo e esforço para ser exploradas. Por isso, os critérios de seleção e o processo usado para limitar metas são importantes. Um conjunto de filtros inteligentes e detalhados pode ajudá-lo a ser seletivo sobre quais ideias seguir.

O modelo de torneio ou concurso é um método que algumas organizações (como a DARPA) têm adotado para orientar o processo de execução de erro por intermédio de filtros adequados.[84] A vantagem básica de um torneio é que se baseia em numerosos candidatos e oferece orientações claras pelas quais um pequeno conjunto de vencedores são levados à próxima rodada, onde continuam a competir pela sobrevivência. Assim como em um torneio de tênis, os perdedores são eliminados em sucessivas rodadas até que apenas uns poucos permaneçam. Como o livro *Innovation Tournaments* explica, a chave é manipular diversas variáveis que podem melhorar sua chance de identificar alguns vencedores entre 10 mil ou mais candidatos, como na descoberta de medicamentos, por exemplo.[85]

A primeira alavanca óbvia consiste em aumentar a média desconhecida das ideias apresentadas, recorrendo a pessoas de maior calibre ou usando técnicas comprovadas de geração de ideias, tais como o "brainstorming" (lançamento ou geração de ideias) ou a sinética. Uma segunda alavanca, mais sutil, consiste em aumentar a variância das ideias apresentadas. Você terá de aceitar que muitas dessas ideias adicionais podem ser muito ruins, já que a organização lança uma rede mais ampla. Mas algumas delas podem vir a ser brilhantes, como no exemplo da DARPA. A terceira alavanca consiste em refinar as triagens usadas em cada fase para eliminar ideias ruins e permitir, talvez, uma reentrada limitada, caso algumas, antes rejeitadas, tenham sido aperfeiçoadas. Uma quarta alavanca consiste em criar e explorar as correlações entre as ideias apresentadas, como na modelagem do portfólio tradicional. Isso significa acolher ideias contrárias na competição e apostar em subconjuntos que, presume-se, exibam correlações inversas. É claro, há considerável ciência – bem como arte de administração – para a otimização das estatísticas de ordem subjacentes a esse tipo de torneio sequencial.

A ideia de que aumentar aleatoriamente o intervalo de observação aumenta a possibilidade de descoberta é muito apreciada na ciência. O biólogo e Prêmio Nobel Max Delbrück (1906-1981) defendeu com vigor "o princípio do desleixo limitado". Aconselhou os alunos a serem desleixados o suficiente em seus experimentos de laboratório para permitir o inesperado, mas não tão desleixados que não pudessem identificar as razões para seus resultados anômalos.[86] A descoberta da penicilina por Alexander Fleming – como discutido no capítulo seguinte – é um instrutivo exemplo do poder do desleixo limitado. Esse princípio não significa que você deva sair e cometer erros realmente estúpidos. O truque é cometer erros sábios, que produzam mais aprendizagem e menos dor possível. Mas, como discutido no Capítulo 2, você terá de tolerar algum nível de erros bobos a fim de produzir uns poucos incríveis. Portanto, em essência, enfrentará um problema de equilíbrio de portfólio sempre que perseguir uma estratégia de erro genial. Se jogar pelo seguro, cometerá poucos erros e aprenderá poucas novidades. Se superar os limites, talvez tenha de sair do negócio. O número de oscilações do taco e saber se deve apontar para as arquibancadas são elementos essenciais para determinar seu portfólio de erro ideal.

Resumindo: há tanto arte quanto ciência ao se cometerem erros informativos, e adotar uma perspectiva de portfólio pode mudar a forma como consideramos o fracasso. Se adotar uma ampla perspectiva e a visão de longo prazo, você poderá se dar o luxo de assumir muito mais riscos que imaginou. Ao fazê-lo, é importante lembrar algumas lições fundamentais:

1. Como os erros deliberados implicam baixa probabilidade, apostas de alto retorno com algum grau de correlação inversa, uma abordagem de portfólio pode ajudar a melhorar o perfil global de risco-retorno de uma estratégia de erro brilhante.
2. Erros deliberados podem ajudá-lo a se proteger contra os efeitos cintilantes da sabedoria recebida. Eles são melhores se pensados em termos de contrabalanço do portfólio. Sua correlação negativa com a sabedoria convencional seria, em si, uma boa razão para investir alguns recursos longe da multidão.
3. O argumento mais poderoso para erros deliberados é o mais simples: a sabedoria de testar além dos limites de seus mais profundos pressupostos.

Parte III
Juntando tudo

CAPÍTULO 7

A mente preparada
Detectando anomalias

A oportunidade só favorece a mente preparada.

LOUIS PASTEUR[87]

Novos e profundos insights são, em geral, o resultado final de um longo período de gestação. A ideia nova percorre um caminho lento e complicado, das ondas cerebrais iniciais à ação inovadora. O processo criativo tem preocupado muitos dos melhores pensadores; no entanto, alguns de seus elementos críticos permanecem envoltos em mistério.[88] É difícil modelar a criatividade, pois ela tende a ser catalisada por ocorrências fortuitas e microinterações que não podem ser identificadas, muito menos orquestradas de maneira precisa, antes do tempo.

Há, no entanto, um elemento-chave que tem sido identificado como fundamental para o processo criativo não linear: a observação aguda. Aqueles com grande experiência em uma área tendem a perceber coisas que os outros podem deixar escapar, incluindo a surpreendente ou indireta consequência dos erros. Louis Pasteur salienta o ponto de modo conciso: a própria mente deve estar conscientemente preparada, deliberadamente receptiva, para o acaso (serendipidade) fazer seu trabalho "mágico". Neste capítulo, defendo o ponto de vista de Pasteur, demonstrando que a oportunidade favorece a mente que não está "preparada", mas que ativamente perscruta e procura falsificar convicções amplamente difundidas. A Figura 7-1 resume o fluxo lógico básico dos erros incríveis.

Para ilustrar as complexidades da brilhante descoberta, este capítulo explora uma história lendária da evolução de uma ideia periférica em um dos remédios mais notáveis e milagrosos da medicina.

FIGURA 7.1 Caminho de um Erro Genial

Nota: A essência de um erro incrível é a profunda realização de alguém ocasionada por um resultado inesperado após uma decisão tomada, quando o nó acima é importante a fim de romper modelos mentais errados e, portanto, mais desses nós precisam ser criados de propósito.

Seguiremos as torções, as voltas e as incomuns confluências das circunstâncias que permitiram ao brilhante e não convencional cientista escocês Alexander Fleming descobrir uma maravilhosa droga – a penicilina.[89] Essa história intrigante demonstra a importância da formação científica profunda, da observação cuidadosa, da abertura a novas ideias e de uma mentalidade brincalhona, assim como inquiridora. No capítulo anterior, mencionei o biólogo Max Delbrück, que defendeu as virtudes do que chamou de "princípio do desleixo limitado". A história de Fleming, como veremos, revela o fundamental poder do desleixo limitado e deliberado.

UM NOBEL DA LIXEIRA

Em setembro de 1928, Fleming descobriu, em seu laboratório no Saint Mary's College, em Londres, um prato de cultura contendo estafilococos. Essa descoberta mundana em um dia aparentemente normal alteraria o curso da medicina.

Fleming era conhecido como um pesquisador brilhante, mas um tanto descuidado. Seu laboratório era, em geral, caótico; esse dia não foi exceção. Acabara de voltar de longas férias e estava entretendo um visitante. As placas de cultura estavam cheias de mofo. Naqueles dias, pratos de cultura eram placas de vidro que eram limpas e reutilizadas. Fleming supôs que as culturas nelas agora estavam inúteis e jogou os pratos em desinfetante. No entanto, decidiu mostrar ao visitante a evidência do trabalho que estava fazendo; então, puxou alguns pratos para fora do líquido. Notou algo estranho em um dos pratos: havia um halo onde o fungo parecia ter dissolvido as bactérias. Afinal, não foi um dia qualquer.

A extração de Fleming da placa de cultura naquele dia não era o resultado de uma experiência cuidadosamente roteirizada – tinha a qualidade um pouco aleatória e oportunista de um erro. Havia ficado contaminada (um incidente comum, na maioria dos laboratórios). Tinha, então, se deteriorado por um longo período, antes de ser limpa (um incidente menos comum na maioria dos laboratórios, mas relativamente frequente no local de trabalho de Fleming). Esse erro parecia destinado a ser enterrado com todos os outros pequenos erros de rotina de trabalho do laboratório. Mas Fleming notou a crítica diferença entre essa placa contaminada e as inúmeras outras que passaram por suas mãos ao longo de sua carreira. Esse erro aparente catalisou, enfim, um dos mais extraordinários avanços médicos do século XX: a descoberta da penicilina. Esse antibiótico acabou salvando inúmeras vidas, e Fleming foi premiado com o Prêmio Nobel por sua pesquisa.

Pausemos por um momento e investiguemos aquela profética placa de Petri. O que mais esses micróbios podem nos ensinar? Nossa primeira aula é que erros comuns, como o desleixo de Fleming, nem sempre são ruins. Macular as margens das regras e da disciplina pode nos levar a novas e emocionantes direções. A segunda e, sem dúvida, mais significativa é que a preparação mental é fundamental para nossa capacidade de aprender. Muitos cientistas provavelmente teriam negligenciado o estranho e intrigante padrão de crescimento que Fleming notou. Ele era naturalmente curioso e havia desenvolvido uma espécie de obsessão pela reprodução de bactérias. A terceira é que um único erro, tomado isoladamente, não é suficiente, em geral, para permitir o tipo de circunstâncias que conduzem a um insight inovador como a descoberta da cura para uma doença importante. Uma série de erros, que ocorrem ao longo do tempo, pode ser necessária para se criar o tipo de aberrantes que servem como portais para novas descobertas – um raro conjunto multiplicador de eventos em uma cadeia de baixa probabilidade. É improvável que o momento de Fleming com a placa contaminada houvesse ocorrido sem a adoção de outras medidas anteriores necessárias.

Para apreciar plenamente como vários erros podem provocar uma mente preparada para ter um novo insight, vale a pena mergulhar fundo na história pregressa de Fleming. Ele nasceu em uma fazenda na Escócia e passou a primeira parte de sua carreira em um escritório de transporte. Após receber a herança de um tio em 1901, ele se matriculou no Hospital St. Mary, em Londres, com a intenção de se tornar médico, como seu irmão mais velho, Tom. Em vez disso, com o incentivo de um amigo, ele se juntou ao departamento de pesquisa, trabalhando como bacteriologista assistente de Sir Almroth Wright, pioneiro em vacina terapêutica e imunologia. Quando a Primeira Guerra Mundial eclodiu, Fleming foi para o campo de batalha na Alemanha, como membro do Corpo Médico do Exército. Servindo como capitão em hospitais do campo de batalha, Fleming testemunhou a morte de muitos soldados devido à septicemia. Ele fez uma observação chocante: muitos dos antissépticos eram eficazes na pele, mas matavam mais soldados do que as próprias doenças quando usados em feridas profundas do campo de batalha. Ele voltou ao St. Mary com uma missão: a busca de agentes antibacterianos. Em 1922, Fleming descobriu a lisozima, conhecida como "o antibiótico do próprio corpo". Essa notável descoberta precedeu a da penicilina, seis anos mais tarde. Tal como a descoberta posterior, foi parte acidente e parte projeto. Na infância, Fleming quebrara o nariz. Devido a essa lesão, sofria de resfriados frequentes, e os laboratórios de Londres eram mal aquecidos. Em uma tarde fria de 1922, o nariz de Fleming gotejou sobre sua placa de Petri. Com sua curiosidade habitual, Fleming observou que algumas, mas não todas, das colônias salpicadas pelo muco derreteram. Em uma observação mais atenta, constatou que as colônias afetadas não haviam sido as que ele deliberadamente cultivara, mas outras, que tinham sido introduzidas por contaminação. Com a curiosidade despertada, Fleming subcultivou essas colônias estranhas em placas adicionais e, então, introduziu propositalmente mais muco nasal. Mais uma vez, observou que as bactérias estavam derretendo. Graças a esses dois erros – o uso de placas contaminadas e a introdução de gotas de muco nasal –, Fleming descobriu a lisozima, uma proteína catalítica com propriedades antibacterianas. Sabe-se agora que a lisozima, juntamente com a pele, os linfócitos e anticorpos, é um dos quatro maiores mecanismos de defesa do organismo contra a infecção. Ela está virtualmente presente em todos os tecidos e excreções corporais. Antes da descoberta de Fleming, não se sabia que essa quarta linha de defesa existia, por isso nunca havia sido alvo de qualquer investigação. Como a sabedoria médica convencional acreditava na existência de apenas três linhas de defesa contra a infecção, foi preciso um erro genial para que um novo insight surgisse e desafiasse o paradigma dominante.

O MICHELANGELO DOS MICRÓBIOS

Os estudiosos ainda debatem até que ponto a descoberta de Fleming se deveu à estratégia ou ao acaso.[90] Alguns especulam que a atitude permissiva de Fleming em relação às placas de Petri, que lhes permitiu se contaminar, era, na verdade, parte de um esforço deliberado para estudar uma ampla gama de micróbios. É improvável que, em algum momento, se alcance firme consenso sobre essa questão. Também é importante notar que uma abordagem não convencional desse tipo estaria plenamente de acordo com a personalidade e a educação de Fleming. Fleming era excêntrico, mesmo pelos padrões britânicos. Esse é um fator importante na compreensão de suas descobertas notáveis.

A família de Fleming gostava de jogos e tinha pouco respeito por regras e limites. No campo de golfe, ele era conhecido por suas manobras completamente não convencionais, como a colocação da bola como um jogador de bilhar, afundando uma tacada na caçapa do canto. Fleming caçoava sobre o asseio excessivo de um colega cientista que, todas as noites, colocava sua bancada em ordem. Como a história da descoberta da penicilina deixa claro, Fleming fez apenas o oposto, mantendo culturas durante várias semanas antes de descartá-las. Quer estivesse ou não praticando conscientemente o "desleixo controlado", Fleming estava sempre curioso para ver se algo inesperado havia acontecido nessas placas. Sua curiosidade, paixão e irreverência também se estendiam para além do laboratório. Ele era um membro do Chelsea Art Club, fundado pelo pintor James McNeill Whistler. Mas em vez de pintura em tela com óleo, Fleming produzia arte desenhando com uma alça de cultura, utilizando esporos de bactérias altamente pigmentadas. Com irreverência semelhante, tratava seus pratos de Petri como telas; formava colônias de bactérias de modo que parecessem animais, assim como retratos de seus colegas.

Inegavelmente, esse Michelangelo dos micróbios era um cientista que pensava fora da placa de Petri. Seu comportamento brincalhão e não convencional, junto com sua curiosidade infantil e profunda formação científica, criou uma mente muito preparada, capaz de ampliar a faixa normal de observação. Foi a perspectiva de um artista que o ajudou a ver a penicilina? Será que suas estranhas técnicas bacterianas de pintura lhe deram um olho especialmente aguçado, até para pequenas irregularidades na forma de colônias de microrganismos? Fleming explorou amplamente e tentou muitas coisas. Mas também precisou ter a capacidade de reconhecer um avanço quando o viu – aprender com seus erros e experiências – e envolver outros para forjar soluções. Seis anos após a descoberta da lisozima, em um dia profético, em 1928, quando a bactéria *staphylococcus* apareceu em suas placas de Petri, Fleming estava excepcionalmente bem preparado para reconhecer o incidente como algo maior do que um simples erro de laboratório.

DA EPIFANIA À UTILIDADE

A medicina não foi transformada do dia para a noite pela descoberta de Fleming. Muitos anos se passaram antes que a comunidade médica reconhecesse plenamente seu brilho e aplicabilidade. Após notar o efeito do bolor azul-esverdeado sobre as bactérias, Fleming cultivou o fungo em separado, criando um filtrado ao qual deu o nome de "penicilina". Naquele momento, presumiu que a substância não duraria muito tempo no organismo humano para ser valiosa como agente antibiótico. Então, em 1931, Fleming desviou seu foco do estudo da penicilina, embora continuasse a se envolver com a substância até por volta de 1940. Incentivou outros pesquisadores a continuar a experimentar e encontrar maneiras de tornar a penicilina mais útil no tratamento. Alguns aceitaram o desafio. Em 1939, o cientista australiano Howard Walter Florey, da University of Oxford, mostrou que o medicamento era seguro mas ineficaz em camundongos. Os testes de Florey também fracassaram em humanos porque seus experimentos envolviam doses de penicilina muito baixas para serem eficazes – outro erro no caminho para a descoberta. Em seguida, Ernst Chain, um talentoso cientista alemão que trabalhava com Florey, em Oxford, corretamente conjecturou a estrutura molecular da penicilina. Isso lhe permitiu isolar e concentrar a droga, desenvolvendo, assim, uma dosagem mais eficaz. Em 1940, o grupo Chain-Florey publicou seus primeiros resultados.

Uma década inteira se passara, então, desde o momento eureca de Fleming no laboratório. Na verdade, quando Fleming chegou ao laboratório de Chain para ver seus resultados em primeira mão, Chain exclamou: "Pensei que você estivesse morto!"[91] Fleming estava vivo e bem, e sua descoberta original estava à beira de um enorme sucesso médico. Com um medicamento mais concentrado, os cientistas se devotaram à aplicação em seres humanos. Em 1942, na Enfermaria Radcliffe em Oxford, os médicos John Bumstead e Orvan Hess tornaram-se os primeiros a tratar, com sucesso, um ser humano com penicilina. Após 14 anos de fracassos, finalmente se alcançava um resultado brilhante!

Durante a Segunda Guerra Mundial, a penicilina salvou de 15% a 20% dos soldados feridos, que, de outro modo, teriam perecido com as infecções. É o antibiótico mais utilizado na história e nos fundamentos de todo o campo dos antibióticos modernos. A penicilina se provou altamente eficaz no tratamento das bactérias *staphylococcus* e nos agentes patogênicos Gram-positivos, incluindo aqueles que causam escarlatina, pneumonia, gonorreia, meningite e difteria. Fleming foi nomeado cavaleiro em 1944. Em 1945, dividiu o Prêmio Nobel de Fisiologia ou Medicina pela realização com Florey e Chain. O mundo reconheceu que o hábito de Fleming de contaminar placas de Petri acabou por ser um erro genial, ou talvez uma brilhante estratégia de pesquisa para a humanidade.

FLASHES DE INTELIGÊNCIA

O caso de Fleming não é raro. Muitas outras descobertas científicas, da análise de diabetes de Minkowski ao exame de anafilaxia de Richet, todas seguem um padrão semelhante. Essas descobertas impressionantes apresentam um caráter rico, complexo e multicausal, que ocorrem em ambientes que favoreceram o feliz acaso, seja por planejamento, seja por sorte.[92] Oportunidade é a combinação de acaso e mente preparada. Genialidade, por sua vez, é principalmente o resultado da extensa aplicação de tempo e energia – da ordem de muitas décadas –, a fim preparar a mente para a grande descoberta.

Os insights brilhantes de Fleming implicaram considerável sorte. Como já observado, é uma questão em aberto se seus hábitos "desleixados" de pesquisa (como permitir que as placas se amontoassem, deixar a janela aberta ou criar "arte" com bactérias) foram suficientemente aberrantes para merecer atenção especial. Da mesma forma, podemos debater sobre se o olho de Fleming era excepcionalmente bem treinado para identificar padrões de crescimento irregulares, ou se outros microbiologistas, apresentados com a mesma fugaz evidência, também teriam notado o padrão desviante.

É possível que a qualidade mais saliente de Fleming tenha sido sua visão periférica. Com o canto dos olhos, enquanto recebia uma visita, Fleming percebeu um detalhe inesperado sobre as placas que estava jogando na pia. Podemos especular que essa superior visão periférica, aguçada por muitos anos estudando chapas de vidro com proliferação bacteriana, tenha sido a responsável por esse flash de gênio. Seja qual for a maneira como se queira dissecar esse caso complexo, é evidente que a descoberta da penicilina acarretou uma mistura especial de acaso, erro e mente preparada.

VISÃO PERIFÉRICA

Como demonstrado pelo caso Fleming e por outros exemplos discutidos nos capítulos anteriores, uma característica marcante da mente preparada é que ela pode reconhecer anomalias ou indícios que outros não conseguem perceber. É fácil não perceber indícios porque eles se escondem em uma área em que as pessoas não concentram a atenção – ficam na periferia. Em nosso livro de 2006, *Visão periférica – como perceber os indícios* (Bookman, 2007), George Day e eu discutimos como os indivíduos e as organizações podem aprimorar sua capacidade de perceber indícios de maneira antecipada.[93] Definimos indício como uma informação aparentemente aleatória ou desconectada que parece, inicialmente, ser mero ruído de fundo. Mas quando examinado por outro ângulo, pode ser visto como parte de um padrão mais amplo e significativo. O maior desafio para aguçar sua visão periférica é adquirir esse ângulo diferente – aprender a processar a informação por intermédio de uma lente mental diferente, em vez do contexto *stand by*, familiar. Só então, você pode ligar os pontos a fim de formar padrões novos, esclarecedores.

Considere um exemplo histórico impressionante de sinais perdidos no início da Segunda Guerra Mundial.[94] Na manhã de 7 de dezembro de 1941, o capitão do destroier USS *Ward* ouviu explosões abafadas vindas de Pearl Harbor, na principal ilha do Havaí. Pouco antes de subir à tona, esse capitão havia deixado cair cargas de profundidade no que se presumia ser um submarino estrangeiro se movendo para o porto. Enquanto navegava de volta ao porto, o capitão ouviu as explosões abafadas dos primeiros ataques aéreos do agora lendário ataque a Pearl Harbor. Ele se virou para seu comandante-tenente no convés e disse: “Acho que estão explodindo a nova estrada de Pearl Harbor para Honolulu.”

O capitão usou sua atitude mental de tempo de paz para compreender o som das explosões. Ele as interpretou como parte da construção de estradas e, assim, não conseguiu perceber os sinais das primeiras hostilidades entre os Estados Unidos e o Japão. Apesar de seu encontro inusitado com um submarino estrangeiro naquela manhã, sua mente ainda estava padronizada no contexto familiar de paz. O capitão ouviu a explosão em alto e bom som, e soube que um submarino estrangeiro entrara no porto. No entanto, não teve a clareza nem a falta de parcialidade de uma mente suficientemente preparada – perdendo, assim, a oportunidade de ligar os pontos de uma forma diferente, melhor.

Por mais estranho que pareça, a única maneira de sair dessa armadilha é tentar produzir *menos* sentido do mundo que nos circunda. Quando confrontado com novas informações, resista ao impulso de lançar em uma conclusão e fechar-se em uma única visão. Em vez disso, afaste-se e busque perspectivas alternativas. Algumas maneiras práticas de se fazer isso é sendo brincalhão e curioso (como Fleming), procurando respostas alternativas e desafiando suas próprias suposições. Sinais periféricos não chamam a atenção sobre si. Você tem de caçá-los como dicas de um quebra-cabeça e ter uma mente suficientemente preparada.

O filósofo Immanuel Kant enfatizou que *não pode haver percepção sem precepção*.[95] Refiro-me a preceitos mentais, o conjunto de preconceitos que todos nós possuímos sobre os princípios do ambiente que nos cerca. Preceitos muitas vezes funcionam como filtros. Em uma experiência clássica do psicólogo Jerome Bruner e colegas, por apenas 10 segundos, mostram-se várias cartas de um baralho a alguns indivíduos; em seguida, pede-se a eles que se lembrem do que viram.[96] Uma das cartas mostradas tem a cor errada, como uma espada vermelha ou uma copa preta. Pouquíssimas pessoas percebem essa anomalia. Simplificando: na maioria das situações, as pessoas veem o que esperam ver e filtram os dados que não se encaixam em seu quadro mental dominante. Na vida, como nas experiências com cartas, distorcemos as informações que recebemos para alinhá-las com nossas noções preconcebidas.

A preocupação de Kant sobre preconceitos mentais instigou o filósofo Hegel a propor uma abordagem dialética na busca da verdade. Sugeriu que os indivíduos se esforçam para criar tensão deliberada entre uma hipótese (a tese) e seu oposto (a antítese). Essa abordagem dialética é rotineiramente praticada na sala do tribunal dos Estados Unidos, onde duas visões opostas batalham pela supremacia, permitindo ao júri considerar ambas as perspectivas antes de decidir onde está a verdade. A abordagem hegeliana na busca da verdade procura criar *sistemas de indagação* que permitam à mente ver vários lados de uma questão complexa.[97]

Como essas lições se aplicam a indivíduos e organizações no mundo administrativo de hoje? Uma comprovada técnica gerencial para incentivar a expansão da mente coletiva e do pensamento dialético é o *planejamento de cenários*.[98] Por exemplo, em meio à meteórica ascensão da Enron, nossa empresa foi contratada por uma cooperativa de crédito com sede em Houston interessada em planejamento estratégico. A Enron era a única patrocinadora corporativa dessa cooperativa de crédito – situação bastante comum naquela época. Graças ao sucesso da Enron, a cooperativa de crédito foi obtendo um crescimento exponencial. Como exercício, pedimos aos dirigentes da cooperativa que imaginassem um cenário em que não pudessem mais contar com os depósitos generosos da Enron. No início, houve relutância em considerar e desenvolver uma visão tão pessimista. Alguns dos líderes do sindicato de crédito pareciam sentir que até pensar sobre isso de alguma forma azarava sua principal relação corporativa. Mas Roch Parayre, o sócio sênior que liderava o projeto, insistiu em que tentassem o exercício.

Surgiram algumas ideias interessantes, da aquisição da cooperativa de crédito *pela* Enron a cenários mais lúgubres, que envolviam problemas tanto para a Enron quanto para a cooperativa de crédito. (Nenhum dos cenários imaginados, é importante observar, sequer chegou perto de prever o apocalíptico "fim de história" para a Enron: sua escandalosa dissolução em 2001.) Parayre, então, perguntou como a cooperativa de crédito reagiria *hoje*, se soubessem que alguns desses cenários negativos, de fato, aconteceriam. Mais uma vez, com alguma relutância, a equipe sênior teve de obedecer. Mencionaram "erros" como a dissociação de seu sistema de e-mail do sistema corporativo da Enron e a abertura de filiais fora dos edifícios de escritórios da Enron. Mencionaram até mudar o contrato social da cooperativa para um SEG (Select Employee Group) [programa Grupo Seleto de Empregados] para que outros membros, além dos empregados da Enron, pudessem participar.

Explorar esses cenários como possibilidades reais alterou a atitude mental dos dirigentes. Acabaram aceitando a ideia de que perder, pelo menos, *algum* apoio da Enron não era inteiramente absurdo. De modo mais significativo, também viram que algumas das ideias que haviam gerado em resposta a esses cenários tanto eram práticas quanto viáveis, e podiam ser empreendidas como forma de se proteger contra a improvável (como parecia na época) possibilidade de queda da Enron. A cooperativa de crédito foi tão longe que implementou várias dessas ideias. Mais tarde, quando a Enron entrou em colapso do dia para a noite, a cooperativa foi salva – contra todas as probabilidades, segundo os reguladores – porque tinha desenvolvido uma estratégia para além da Enron. Essa estratégia, é claro, parece positivamente presciente, em retrospecto. No momento em que a criaram e a puseram em movimento, no entanto, parecia muito diferente – parecia um erro deliberado.

Há outras ferramentas que podem ajudar a preparar nossa mente para perceber indícios mais cedo, como resumido na Figura 7-2. Quanto mais as organizações praticarem essas técnicas, maior a chance de notarem a consequência muitas vezes oculta ou indireta de erros cometidos no curso normal dos negócios. Os gerentes detectarão com mais facilidade qualquer surpresa ou desvio de expectativa, seja bom ou ruim. O tema mais amplo a fim de desenvolver melhor visão periférica é perceber a surpresa, compartilhá-la com os outros e explorá-la profundamente. Isso implica desafios cognitivos, organizacionais e culturais. A Figura 7-2 lista algumas das ferramentas e abordagens que as organizações podem usar para melhorar sua sensibilidade a indícios.[99]

FIGURA 7.2 Melhorando o Sensemaking (Criação de Sentido)

Buscando indícios →	**Sensemaking (Criação de Sentido)** →	*Sondando e agindo*
Identificar logo os indícios	**Amplie indícios interessantes**	**Sonde mais e esclareça**
1. Contate o serviço de informações local	4. Teste várias hipóteses	7. Confronte a realidade
2. Alavanque sua rede de relacionamentos	5. Verifique com cuidado a sabedoria da multidão	8. Incite o conflito construtivo
3. Mobilize grupos de busca	6. Desenvolva cenários diversos	9. Confie na intuição amadurecida

Como o bom acaso (a serendipidade) é um ingrediente-chave na invenção, é essencial que qualquer processo de descoberta seja projetado de maneira que seja "solto" o suficiente para permitir o erro aleatório. Contudo, pode ser difícil pôr este princípio em prática. Poucos centros de pesquisa encorajariam seus cientistas a manter laboratórios que se pareçam com áreas de desastre de furacão. Menos ainda encorajariam seus investigadores a gastar o tempo livre com suas alças de cultura. Subvenções de pesquisa – o Santo Graal e a principal medida de progresso e sucesso no mundo científico – raramente são concedidas àqueles que demonstram comportamento excêntrico, singular. Isso levanta uma questão mais profunda. Será que a busca da perfeição – na vida pessoal ou profissional das pessoas – *reduz* a possibilidade da descoberta brilhante? Acredito que sim. Isso é parte do que me leva a teorizar, pesquisar e escrever sobre erros. Não quero dizer erros que geram enormes retornos devido à pura sorte, mas erros que funcionam como trampolins na direção de profundos e novos insights.

Fecharei com uma história que ressalta tanto o papel do erro aleatório como o valor da vigilância organizacional na investigação de um sinal periférico.[100] Mais de uma década atrás, o fabricantes holandês de medicamentos Organon estava realizando ensaios clínicos para um novo anti-histamínico. A secretária encarregada de registrar os voluntários do estudo para seus exames médicos notou algo: alguns membros do grupo eram extraordinariamente alegres e amigáveis. Uma observação estranha, talvez, mas que ela sentia que precisava partilhar com os administradores do ensaio. Eles ficaram intrigados e decidiram ir mais fundo. Para sua surpresa, descobriram que todos os participantes eufóricos estavam no grupo que estava tomando o medicamento. Em última análise, o composto original falhou como previsto: era inútil na luta contra alergia. Mas, então, os administradores souberam que tinham algo melhor em mãos: um tratamento para depressão. O medicamento foi desenvolvido e subsequentemente comercializado como Tolvon pela Organon, acabando por ser muito bem-sucedido. Esse produto nunca teria se materializado se a empresa não tivesse embarcado em um novo composto para aliviar sintomas de alergias. Embora esse caminho tenha se provado um erro, tinha seu lado bom, que foi flagrado por uma funcionária especialmente vigilante. Essa pessoa prestou muita atenção aos detalhes e confiou no que viu. Por sua vez, os administradores se mostraram receptivos ao ouvir sua informação e levaram-na a sério o suficiente para investigar mais a fundo. É preciso uma organização especial para explorar as arestas desse modo, uma que envolva muitas mentes preparadas, dispostas a compartilhar informações e explorar mais profundamente os tênues vestígios na periferia. Exige uma cultura de curiosidade – uma em que os dirigentes incentivem as pessoas de todos os níveis a serem curiosas, observadoras e sutis em suas declarações.

Conclusão
Meditando sobre erros

Nem o conhecimento de minha própria falibilidade me impede de cometer erros. Só quando caio é que me levanto de novo.

VINCENT VAN GOGH[101]

O próprio fato de você estar lendo essa frase é, em si, um testemunho do grande poder dos erros. A espécie humana evoluiu por meio de uma longa sequência de erros aleatórios em nosso DNA. A maioria desses erros resultou da danificação do código genético, devido a radiação, infecção, poluição e outras fontes de mudança no DNA de todos os tipos de criaturas. Grande parte dessas mutações levou a falhas improdutivas, tais como a extinção, mas, ocasionalmente, ocorreu um sucesso notável. A seleção natural, em seguida, fez sua parte, separando os bons erros dos maus ou dos indiferentes. Por intermédio desse processo, répteis pré-históricos conseguiram serpentear do mar à terra firme – deslizando, rastejando e, finalmente, andando. Os seres humanos foram levados a ler, jogar tênis, assim como inventar novas ideias e brincar com micróbios. A espécie humana é especialmente adepta à participação do caos e da ordem, que, pensamos, é a vida no planeta.

Um processo semelhante está funcionando em sua própria vida. Os erros que comete são parte e parcela de seu curso de vida. Você pode muito bem aprender a aceitá-los: nunca aprenderá mais na vida do que aprendeu na fase do joelho esfolado da primeira infância, quando ainda não tinha um ego para proteger. Quando desenvolveu um senso de autoconsciência, passou a ver erros como intrusos indesejáveis, lembretes de suas limitações. Essa humildade veio acompanhada de um custo: você perdeu um pouco da curiosidade, do impulso de aprender que dirigiu o início de sua vida. Entender-se como um produto de erros e tentar lucrar com essa consciência é um passo em direção à recuperação da orientação de aprendizagem, a mente aberta que foi seu direito de nascença.

Quando cresce e desenvolve expertise, começa a desvalorizar os erros. Gasta menos tempo aprendendo e mais tempo realizando ou colhendo. Torna-se eficiente, eficaz e segue o objetivo de cometer menos erros. Como sociedade, todos nos beneficiamos dessa maturação coletiva. Nossas estruturas sociais ganham um sentido de propósito orquestrado; erros prejudiciais são reduzidos ou eliminados. Mas ao longo do caminho à perfeição, talvez tenhamos sacrificado aqueles erros especiais que são essenciais para nossa futura aprendizagem – e até mesmo para nossa sobrevivência. A chave é procurar e encontrar uma espécie de equilíbrio requintado. Isso é imperativo em um ambiente instável, em momentos em que os paradigmas estão se deslocando, como o exemplo de Pearl Harbor, no capítulo anterior – um momento em que o tempo de paz estava sendo fraturado pela ameaça da guerra. Nessas circunstâncias, a falta de vontade de cometer erros e a subsequente falta de vontade de aprender podem significar um desastre.

Talvez seja uma característica evolutiva inteligente que faz jovens serem imprudentes e propensos a erros. Quando se é inexperiente, nada se tem a perder, e a necessidade da autodescoberta é primordial. Os erros são a única forma de compreender o mundo complexo, dinâmico e em modificação a seu redor. Steve Jobs, fundador da Apple Computer e mestre na fusão de tecnologia e marketing, enfatizou esse ponto durante um discurso de formatura em junho de 2005, na Stanford University.[102] De maneira significativa, Jobs não era um graduado de Stanford. Ele se matriculou no Reed College, mas não concluiu sua graduação. Eis como Jobs relatou a oportunidade que surgiu quando saiu e seu inesperado desfecho:

> *O Reed College oferecia, naquela época, a melhor instrução em caligrafia do país. Em todo o campus, cada pôster, cada etiqueta em cada gaveta, apresentava uma bela caligrafia. Como eu havia abandonado o curso e não precisava assistir às aulas normais, decidi fazer aulas de caligrafia*

para aprender como fazer isso. Aprendi sobre fontes com serifa e sem serifa, sobre variar o espaço entre as diferentes combinações de letras, sobre a função da tipografia grande. Era lindo, histórico, artisticamente sutil, de uma maneira que a ciência não pode captar, e eu a considerava fascinante.

Nada disso tinha a mais remota esperança de aplicação prática na minha vida. Mas 10 anos depois, quando estávamos projetando o primeiro computador Macintosh, tudo veio à minha mente. E pusemos tudo no Mac. Foi o primeiro computador com tipografia bonita. Se eu nunca tivesse entrado naquele curso na faculdade, o Mac jamais teria tido vários tamanhos de letra ou fontes espaçadas de modo proporcional. E como o Windows copiou o Mac, é bem provável que nenhum computador pessoal as tivesse. Se eu não tivesse deixado a faculdade, nunca teria entrado na aula de caligrafia, e os computadores pessoais talvez não tivessem a maravilhosa caligrafia que têm. Claro, era impossível ligar os pontos ao olhar para a frente, quando eu estava na faculdade. Mas ficou muito, muito claro ao olhar para trás, 10 anos depois. Mais uma vez: você não consegue associar os fatos olhando para a frente; você só consegue fazer isso olhando para trás. Assim, é preciso ter confiança de que os pontos, de alguma forma, se liguem no futuro. Você tem de confiar em alguma coisa – sua coragem, seu destino, vida, carma, seja o que for. Essa abordagem nunca me decepcionou e tem feito toda a diferença em minha vida.

A história de Steve Jobs é a expressão eloquente de uma das premissas centrais deste livro: quando jovem, ele confiava em sua intuição sobre o que precisava para tomar decisões audaciosas, não convencionais. (Curiosamente, Bill Gates, fundador da Microsoft e, tradicionalmente, o mais poderoso rival de Jobs, tomou a mesma decisão: abandonou Harvard, em seu segundo ano.) Suas ações contrariavam a sabedoria convencional e certamente terão sido vistas, pela maioria das pessoas, como "erros". Mas sem esses erros sequenciais, ele não teria chegado aonde chegou – no comando de uma das mais inovadoras e reconhecidas empresas de tecnologia de seu tempo.

Segundo a citação tão repetida pelo poeta da Restauração, Alexander Pope, "Errar é humano. Perdoar é divino".[103] Este livro sustenta que errar também pode ser divino (se você for humano). Os erros têm sido a causa de grandes descobertas e novos insights revolucionários. Foi o *julgamento errado* que levou os irmãos Wright a tentar voar: todo mundo sabia, na época, que os seres humanos não podiam voar e nunca o fariam. Em 1895, apenas oito anos antes de sua frágil invenção levantar voo, Lord Kelvin, o estimado matemático e físico britânico, presidente da British Royal Society, havia declarado de modo inequívoco que "máquinas mais pesadas que o ar são inviáveis".[104] Foi a ignorância que motivou Albert Einstein, um humilde funcionário de patentes de um escritório de advocacia suíço, a propor algumas questões tolas sobre a natureza do tempo, o espaço e a energia. Se tivesse estudado um pouco mais de física, não teria feito perguntas tão absurdas. A negligência permitiu que placas de Petri descartadas se acumulassem no laboratório de Fleming em Londres, possibilitando, assim, o crescimento de alguns padrões incomuns de bactérias. Se fosse mais organizado, nunca teria descoberto o milagroso poder de cura da penicilina, o medicamento de maior sucesso do mundo, que já salvou milhões de vidas.

COMO PESSOAS DE SUCESSO VEEM ERROS

Agora já deve estar claro que a maioria de nós precisa de uma visão de erros mais convidativa. Líderes em diferentes esferas da vida com frequência observam como os erros que uma vez pareceram lamentáveis e dolorosos acabaram sendo valiosos e até geniais. Para inspirá-lo a aceitar os erros como oportunidades de aprendizagem, examinemos como algumas pessoas muito bem-sucedidas refletiram sobre seus próprios erros favoritos. Embora essas histórias sejam incidentais, elas captam o espírito deste livro. Muitas pessoas realizadas aprenderam da maneira mais difícil como lucrar com erros. É instrutivo ouvir seus exemplos e extrair algumas lições.

A revista *Fortune* pediu, uma vez, a dirigentes de empresas que contassem alguns de seus erros mais instrutivos. Jack Welch, ex-CEO da General Electric e um dos mais bem sucedidos líderes empresariais de seu tempo, respondeu que os erros haviam lhe ensinado a confiar mais em sua coragem.[105] Isso nem sempre é fácil para engenheiros que pensam de modo analítico. Quando Welch estava estudando a compra da empresa de Wall Street, Kidder, Peabody and Co., sua intuição lhe disse que não prosseguisse, ainda que seu lado racional o impelisse à compra da empresa. Welch percebeu indícios de que os líderes da empresa se preocupavam mais com bônus individuais do que com o jogo de equipe, sugerindo que a cultura tolerava pessoas temperamentais, desde que produzissem. Mas ele ignorou esses indícios, bem como outras tênues pistas, e seguiu com a aquisição. A GE pagou o preço quando a Kidder, Peabody fracassou devido a escândalo e prevaricação. Líderes inevitavelmente cometerão erros; o que importa é se eles aprendem e melhoram. Para isso, é preciso ter a atitude certa, e adotar seus erros. Como o excelente e modesto ex-CEO da Procter & Gamble, A. G. Lafley, declarou: "Penso em meus fracassos como um presente."[106]

Há também muitos erros esclarecedores do mundo dos esportes, das artes e ciências humanas que demonstram como as pessoas se beneficiam com eles. Considere, por exemplo, como o golfista profissional J. P. Hayes conseguiu transformar uma bola errada em um lance certo. As coisas não estavam indo bem para ele em 2008: não conseguiu se pré-qualificar em 11 torneios consecutivos de golfe, perdeu seu cartão de jogo da Professional Golf Association – PGA (Associação Profissional de Golfe) e foi desclassificado da segunda fase da escola de qualificação, jogando com um tipo de protótipo de bola de golfe ainda não aprovada pela PGA. Tarde da noite, quando percebeu que havia jogado com uma bola ilegal, telefonou para as autoridades de turismo de seu quarto de hotel para relatar o erro. Ninguém mais tinha notado; era improvável que alguém jamais o tivesse feito. A notícia sobre sua honestidade logo se propagou. O telefone não parou de tocar: patrocinadores, jornalistas, amigos e outros jogadores. Até o PGA o honrou com isenções não solicitadas para torneios de múltipla escolha, inclusive Pebble Beach.

Outro exemplo de golfe também ilustra o lado positivo do erro. Se todos os jogadores de golfe tentassem dominar o posicionamento e o swing do livro didático, a concorrência seria acirrada, mas pouca inovadora. O jogo avança mais rápido se alguns jogadores desafiarem o swing do livro didático e tentarem algo diferente. Para a sorte do golfe, há alguns jogadores do topo do ranking que jamais tiveram uma lição. Gerry "Bubba" Watson, que tem várias vitórias PGA em seu currículo, ainda não teve sua primeira lição. Mas ele, na verdade, não a quer: "Não, senhor, nunca senti necessidade dela. Nunca terei uma lição. Se eu começar a jogar um golfe ruim, terei de encontrar um novo emprego."[107] Outros grandes jogadores que quase não tiveram lições incluem Jim Furyk, treinado apenas por seu pai e Luke Donald. Podemos pensar naqueles que desafiam a convenção como mutações sociais, anomalias genéticas semelhantes àquelas que impulsionaram a espécie humana para o ponto no qual se encontra hoje.

Em um mundo totalmente racional, candidatos em qualquer caminhada da vida são bem aconselhados para emular o desempenho dos melhores do mundo. Mas se muitos o fizerem, com o tempo isso levará todos a seguirem a mesma abordagem, talvez até mesmo usando os mesmos treinadores do topo. O resultado final seria que todo mundo teria o mesmo estilo de jogo, com reduzida variação entre os jogadores. Se assim for, poderá não haver uma distância muito competitiva entre os melhores jogadores. Isso também acontece no mundo dos negócios. Quando muitas empresas competem na mesma base, copiando as melhores estratégias umas das outras, a competição esquenta, os lucros caem e só alguns ganharão dinheiro de verdade. A melhor estratégia é *dar uma sacudida* na estratégia, perseguir oceanos azuis em vez de vermelhos e virar o jogo a seu favor, já que as melhores mentes em negócios ou esportes já "espremeram" a maior parte dos novos insights do modelo existente.[108] A questão, claro, é como fazer isso. A grande esperança é que erros aleatórios ou deliberados revelem novas maneiras. A maior parte dessas mutações nada produzirá de valor – como na evolução biológica –, mas algumas podem ser absolutamente brilhantes.

Erros podem ajudar a ciência, tanto quanto os esportes ou negócios. A história da ciência está cheia de caminhos errados que parecem necessários se alguém tropeçar naquele insight ocasional brilhante. A física saltou especialmente à frente graças a erros, a começar por Isaac Newton sentado debaixo de uma árvore, com uma maçã caindo em sua cabeça. Certa vez, o famoso físico Stephen Hawking aventou uma teoria ousada: a de que os buracos negros destroem informações. Foi como se agitasse uma bandeira vermelha à frente de seus colegas, vez que a mecânica quântica proclama que a informação jamais pode ser destruída. Afinal, provou-se que Hawking estava errado, mas sua teoria equivocada abriu uma nova e importante via de pensamento na física. Como o físico teórico John Schwartz, do California Institute of Technology, disse: "Este é o melhor exemplo de um resultado errado importante." Com frequência, é muito melhor ser errado e relevante na ciência do que ser certo e irrelevante. O comentário mais mordaz em ciência é o que o físico Wolfgang Pauli, laureado com o Nobel, infligiu sobre uma teoria banal; ele reclamou: "Sequer está errado."[109]

ERRO DE NAMORO E EQUÍVOCO

Os exemplos apresentados neste epílogo são principalmente sobre indivíduos notáveis que aprenderam com os erros que ocorreram de modo aleatório. Cito-os porque mostram que o sucesso é acentuado se os erros forem vistos como presentes. A mais profunda lição contida em nosso livro é que, muitas vezes, vale a pena *projetar* esses presentes de aprendizagem em vez de esperar que ocorram por acidente. Essa abordagem deliberada de cometer erros – a fim de acelerar o aprendizado ou conseguir melhor desempenho – tem um papel crucial na música, especialmente no jazz. Quando o grande trompetista Wynton Marsalis foi questionado, durante uma turnê beneficente de música em Cuba, sobre quão importantes e valiosos são os erros, ele respondeu: "Muito importantes, porque, se você não estiver cometendo erros, não está experimentando. Essa é a arte do jazz. É uma arte de negociação, de comunicação."[110] Como um guia para a improvisação de jazz explica: "Temos de aceitar cada ideia que apresentamos ao grupo como válida. Se cada ideia apresentada for utilizada de alguma forma por esse indivíduo, as outras pessoas do grupo podem reagir sabendo, com certeza, que será incluída em algum grau. Pode-se dizer que nenhuma ideia apresentada tem defeito. Não se encara como um erro, mas apenas como a oportunidade de explorar um caminho que talvez não tenha sido considerado. Cada ideia apresentada pode ser utilizada de forma positiva."[111]

O grande jazzista Miles Davis teria concordado. Ele instava seus seguidores: "Não temam erros – não há nenhum." Mesmo gigantes da música clássica repercutem esse tema. O compositor russo Igor Stravinsky (1882-1971) disse: "Tenho aprendido ao longo de minha vida como compositor principalmente por intermédio de erros e de buscas a falsas suposições, não pela minha exposição a fontes de sabedoria e conhecimento."[112]

Os artistas são especialmente hábeis em lutar com erros deliberados. Sua vontade de entrar em um campo tão incerto e instável como a arte significa que são, por natureza, muito menos avessos ao risco que o restante de nós. Artistas estão dispostos a viver situações críticas, adotar desvios e desafiar convenções burguesas. Aceitam que os erros são vitais e constituem companheiros bastante desconfortáveis ao longo da estrada para o sucesso. Para a maioria dos artistas, no início há muito mais fracassos que sucessos, condição necessária, ao que parece, para se ter uma chance decente de conseguir algo digno de nota. A fenomenalmente bem-sucedida romancista britânica J. K. Rowling enfatizou esse ponto-chave durante seu discurso de formatura em Harvard, em 2008. Explicou como erros e fracassos a haviam levado a um profundo insight sobre si mesma, antes de seu fantástico sucesso com a série *Harry Potter*:

> *Por qualquer medida convencional, meros sete anos após o dia da minha formatura, eu havia fracassado em uma escala épica. Um casamento de excepcional curta duração tinha implodido, e eu estava sem emprego, era chefe de família e tão pobre quanto é possível ser numa Grã-Bretanha moderna, não sendo uma sem-teto. Os receios que meus pais haviam tido por mim, e que eu mesma havia tido por mim, ambos haviam acontecido, e, por todos os padrões usuais, eu era o maior fracasso do qual tinha conhecimento. Por que falo sobre os benefícios do fracasso? – porque o fracasso significou o despojamento do não essencial. Parei de fingir para mim mesma que era outra coisa senão o que era, e comecei a direcionar toda a minha energia para terminar o único trabalho que me importava. Se eu tivesse, de fato, sido bem-sucedida em qualquer outra coisa, talvez nunca tivesse encontrado a determinação de procurar sucesso em uma arena à*

qual eu acreditava realmente pertencer. Fui posta em liberdade, porque meu maior medo já fora concretizado, e eu ainda estava viva, ainda tinha uma filha que adorava, tinha uma velha máquina de escrever e uma grande ideia. E, assim, o fundo do poço se tornou a base sólida sobre a qual reconstruí minha vida.

Além de serem bons em desafiar as convenções e em chegar ao fundo do poço e depois subir a novas alturas criativas, alguns artistas também são hábeis em incorporar erros aleatórios em seu processo criativo. Jackson Pollock, em um exemplo bem conhecido, criou sua famosa "técnica de gotejamento" de pintura porque sua constrangedora situação financeira o obrigou a usar tintas de uso doméstico à base de resina, que eram menos densas e mais líquidas do que as tintas de artistas mais caros. Em seu revolucionário romance de 1922, *Ulysses*, Joyce comentou que "um homem de gênio não comete erros. Seus erros são propositais e são portais de descoberta".[113] Há uma história intrigante sobre Joyce quando ele estava escrevendo *Finnegans Wake/Finicius Revem* (Ateliê Editorial). Nesse ponto de sua carreira, ele estava quase cego, e por isso escrevia ditando a um secretário (ninguém menos que o dramaturgo Samuel Beckett). A narração era feita em fluxo de consciência. Durante o ditado, houve uma batida à porta. Joyce foi até a porta e teve uma conversa com o visitante na entrada. Ao mesmo tempo, Beckett transcreveu cada palavra furiosamente. Quando Joyce voltou, pediu a Beckett que voltasse a ler a última parte do trabalho; Beckett incluíra a conversa na porta, esperando que o mestre o instruísse a apagá-la. Em vez disso, Joyce disse-lhe para deixá-la – é parte do texto da história publicada. Esse talvez tenha sido, usando o termo do próprio Joyce, um portal de descoberta.

CONCLUSÃO

O tema mais profundo deste livro é o papel da surpresa em nossa vida, seja na forma de erros ou de boa sorte. Escolhi aprimorar as surpresas negativas, porque são, por definição, mais difíceis de adotar e aceitar. É fácil insistir em uma surpresa positiva, onde o resultado excede nossas expectativas. Revelamos nossa boa sorte a outros, debatemos a razão de ter acontecido e temos sonhos e pensamentos felizes sobre Dona Sorte sorrindo para nós. Surpresas negativas, como completos fracassos ou contratempos embaraçosos raramente recebem essa atenção especial. Queremos esquecê-los o mais rápido possível e é improvável que desejemos compartilhá-los com um grande público.

Essa reação é humana, mas também é equivocada. As lições mais profundas estão do outro lado do fracasso. Se quiser aprender, é melhor estar enormemente errado do que um pouco errado, pois os grandes erros formam os marcadores mais vívidos de onde seus pressupostos, seu modelo mental ou sua abordagem estão com defeito. Em outras palavras, falhe grande – e, assim, aprenda a viver do outro lado do fracasso, superando seus obstáculos emocionais à aprendizagem.

Um bom ponto de partida é aprender a rir de seus próprios erros. Isso é o que as pessoas bem-sucedidas fazem especialmente bem. Não se leve muito a sério. O obituário de Fritz Bach, pioneiro na redução dos riscos de rejeição no transplante de coração em humanos, cita suas muitas conquistas científicas.[114] Tive o prazer de encontrar o Dr. Bach em várias ocasiões e fiquei impressionado com sua modéstia e profunda humanidade. O obituário terminava de maneira comovente, comentando que o Dr. Bach gostava muito de uma foto antiga de si mesmo, na qual ele podia ser visto dando uma palestra sobre uma nova teoria genética de sua autoria, que se provou completamente equivocada.

A grande virtude dos erros, sejam acidentais ou projetados, é sua capacidade de ampliar nossa faixa de experiência, diminuir nosso ego e, assim, aumentar a chance de descoberta. Se você aceitar que os seres humanos são míopes e bastante inconscientes de sua própria limitada racionalidade, então alguns erros serão apropriados e bem-vindos. Isso é especialmente difícil nas organizações, mas os dirigentes podem começar por instituir prêmios como o Golden Egg.[115] O presidente da empresa Ann Arbor inventou isso para garantir que sua organização extraísse o máximo de aprendizado possível dos fracassos do passado. Ele vê erros como ativos valiosos pelos quais a empresa pagara, mas ainda não colhera de todo. Então, pediu aos gerentes que compartilhassem seus erros na reunião mensal, semelhante às reuniões de mortalidade e morbidade em hospitais, quando os erros médicos são revistos. No início, houve certa relutância, mas, afinal, esses confessionários tornaram-se uma parte favorita da sessão. O presidente decidiu dar um prêmio simbólico aos gerentes que ficaram embaraçados por algo e foram corajosos o suficiente em compartilhar o aprendizado. E criou um troféu simples e modesto – uma meia-calça num ovo de plástico, pintado com spray de tinta dourada – que significava o melhor erro do mês.

No início, os troféus ficaram na gaveta da mesa do (não) sortudo ganhador. Mas com o tempo, os vencedores se tornaram orgulhosos o suficiente para colocar o troféu sobre sua mesa. Isso, é claro, induzia conversas com os visitantes sobre como os gerentes haviam sido capazes de converter ovos em seus rostos em deliciosas omeletes, ricas em insights e aprendizagem. Em suma, o presidente da empresa conseguiu mudar a cultura organizacional de ocultar erros para celebrá-los e compartilhar o aprendizado.

Para aproveitar plenamente os benefícios dos erros, as organizações devem projetar fracasso em suas estratégias de maneira consciente. Novos portais de descoberta se abrirão e a inovação cintilará. A noção de erros deliberados é uma estratégia poderosa, mas subutilizada para ajudar organizações a acelerar sua aprendizagem e alcançar o sucesso. Deve fazer parte de qualquer estratégia, plano e revisão de desempenho. A principal questão que as empresas precisam abordar não é "*Devemos* cometer erros?", mas sim "*Quais* erros devemos cometer a fim de testar nossos profundos pressupostos?".

Espero sinceramente que este livro tenha alterado sua visão de erros e fracassos. Acredito que devamos encarar certos erros como presentes. Se for valente o suficiente para adotar essa atitude mental, isso mudará profundamente a maneira como aborda seu trabalho, a família e, com certeza, sua vida. Alterará onde procura por sucesso e como reage aos resultados inesperados, infelizes. Você se tornará mais tolerante com a imperfeição, extrairá mais benefícios do erro humano e viverá com menos arrependimento doentio. Adote e defenda esta estratégia contraintuitiva! Você será recompensado por novos insights, novo poder e novas descobertas.

Apêndice A
Os 23 erros de Einstein

1. 1905: Erro no procedimento da sincronização do relógio em que Einstein baseou a relatividade especial
2. 1905: Falha em considerar o experimento Michelson-Morley
3. 1905: Erro na massa transversa de partículas em alta velocidade
4. 1905: Erros múltiplos na matemática e na física usados no cálculo da viscosidade dos líquidos, a partir do qual Einstein deduziu o tamanho das moléculas
5. 1905: Erros na relação entre radiação térmica e os *quanta* da luz
6. 1905: Erro na primeira prova de $E = mc^2$
7. 1906: Erros na segunda, na terceira e na quarta prova de $E = mc^2$
8. 1907: Erro no procedimento de sincronização para relógios acelerados
9. 1907: Erros no Princípio de Equivalência da gravitação e aceleração
10. 1911: Erro no primeiro cálculo da curvatura da luz
11. 1913: Erro na primeira tentativa de uma teoria da relatividade geral
12. 1914: Erro na quinta prova de $E = mc^2$
13. 1915: Erro na experiência Einstein-de Haas
14. 1915: Erros nas várias tentativas da teoria da relatividade geral
15. 1916: Erro na interpretação do princípio de Mach
16. 1917: Erro na introdução da constante cosmológica (o "maior erro", nas palavras do próprio Einstein)
17. 1919: Erros em duas tentativas de modificar a relatividade geral
18. 1925: Erros e mais erros nas tentativas de formular uma teoria unificada
19. 1927: Erros nas discussões com Bohr sobre incertezas quânticas
20. 1933: Erros na interpretação da mecânica quântica (Deus joga dados?)
21. 1934: Erro na sexta prova de $E = mc^2$
22. 1939: Erro na interpretação da singularidade e do colapso gravitacional Schwarzschild (o "buraco negro")
23. 1946: Erro na sétima prova de $E = mc^2$

Apêndice B
Análise da utilidade esperada

A teoria da utilidade esperada é o modelo econômico padrão para se definir a tomada de decisão racional. Baseia-se em vários axiomas que definem o comportamento racional; então, deduzem-se alguns teoremas-chave a fim de provar que a maximização da utilidade esperada é o curso ideal de ação para um tomador de decisão que deseje cumprir esses axiomas.[116]

Ilustremos a ideia básica dessa teoria por um simples exemplo. Suponha que um aluno do último ano do ensino médio tenha de decidir qual faculdade frequentará após ter sido aceito em cinco delas. O primeiro passo na análise de utilidade esperada seria listar sistematicamente os prós e os contras de cada uma. Em seguida, o aluno teria de pensar com profundidade sobre as contrapartidas-chave, como custo *versus* qualidade da universidade, a proximidade de casa *versus* a exposição a novas experiências, ou, digamos, o desafio acadêmico *versus* o tempo livre para atividades sociais. Em seguida, o aluno ligaria os prós e os contras de cada escola a esses valores pessoais, de modo a produzir uma classificação preliminar. Se as escolas no topo desse ranking forem próximas, recomendaríamos obter mais informações ou talvez pedir ao aluno que repensasse as contrapartidas ou outros dados subjetivos. Quando todas as informações relevantes estiverem à mão, estamos prontos para realizar uma análise sistemática na qual medimos a utilidade de cada opção e a pesamos pela probabilidade de alcançá-la. Para manter essa ilustração simples, suponha que restem ao aluno apenas duas das melhores escolas para escolher. Para simplificar ainda mais, suponha que todas as considerações relevantes tenham sido mapeadas em uma única medida de atratividade total, chamada utilidade. Como há incerteza sobre quanta utilidade qualquer das escolas de fato renderá depois de quatro anos, expressaremos esses riscos em termos de três níveis de utilidade (Alta, Média e Baixa), com probabilidades subjetivas ligadas. Suponha que a escola A implique o seguinte perfil de risco [45%, A; 30%, M; 25%, B].

Isso significa que há 45% de probabilidade de que a experiência de frequentar a escola A no final de quatro anos seja considerada como Alta satisfação, uma chance de 30% de sua pontuação ser Média e de 25% de pontuação Baixa. As probabilidades neste exemplo são subjetivas, fornecidas pelo tomador de decisão ou por seus orientadores. Suponha que agora atribuamos os seguintes valores subjetivos de utilidade: A = 10, M = 5 e B = 0. Podemos, então, calcular a pontuação da utilidade esperada para a escola A como: 0,45*10 + 0,3*5 e 0,25*0 = 6. Em seguida, suponha que a escola B tenha um perfil de risco um pouco diferente, ou seja: [60%, A; 10%, M; 30%, B]. Qual escola é a melhor para nosso aluno? Para descobrir, precisamos calcular a utilidade esperada de B também, que seria 0,6*10 + 0,1*5 + 0,3*0 = 0,65. Segundo essa análise, o aluno deve matricular-se na escola B, pois é a que tem a maior utilidade esperada.

Apêndice C
Justificativas de portfólio

O argumento do portfólio em apoio a erros deliberados tanto pode ser de nível individual quanto de mercado. A área das finanças resolveu, primeiro, o problema do equilíbrio perfeito do portfólio para um investidor que opera em isolamento; em seguida, estendeu-o a investimentos baseados no mercado. Examinemos cada um no contexto de erros deliberados, que definimos como testes ou experimentos que oferecem um retorno negativo esperado. Um investidor avesso ao risco jamais desejaria investir o dinheiro em projetos desse tipo, quando vistos isoladamente. Mas, se esses investimentos apresentarem correlação inversa com outros ativos, poderia valer a pena, apesar de tudo.

Harry Markowitz resolveu o complexo problema de como alocar uma importância fixa de investimento por muitos títulos quando tudo o que se sabe são a média, a variância e as correlações para cada uma.[117] Para facilitação matemática, Markowitz pressupôs distribuições normais de retorno e mediu o grau de aversão ao risco do investidor apenas em termos de trade-offs de média-variância. Suponha que um investidor de risco usasse esses modelos básicos para alocar idealmente US$1 milhão em *n* investimentos diferentes. Em seguida, dá-se a oportunidade ao investidor de realocar alguns desses fundos em um novo investimento. Deve-se investir qualquer fundo nesse título ($n + 1$), se ele oferece um retorno negativo esperado e exibe fortes covariâncias inversas com todos os outros investimentos? A resposta, em geral, é sim: um investidor com aversão ao risco deve estar disposto a sacrificar algum rendimento esperado, de modo a diminuir o risco total (medido como variância) do portfólio.

Esse trabalho pioneiro posteriormente gerou o desenvolvimento do modelo de precificação de ativos de capital (CAPM) em financiamento, pelo qual Harry Markowitz, Merton Miller e William Sharpe foram agraciados com o Prêmio Nobel de Economia.[118] O CAPM examina como investidores racionais devem se comportar quando estiverem operando em um mercado eficiente, em que podem pedir dinheiro e/ou investir em um ativo livre de risco. O modelo CAPM original mostrou que (1) os mercados de capital só pagariam um retorno adicional para risco sistemático (medido como beta) e (2) cada investidor deve manter um portfólio composto apenas do ativo livre de risco e do portfólio de mercado.[119] Esse modelo baseado no mercado ainda sustenta a noção de que investir em uma opção de retorno negativa pode ser racional. Suponha que determinado ativo tenha uma covariância negativa com outros ativos, tendo, assim, um beta negativo. Digamos que seu beta seja –0,75, o que significa que esse título amortece o efeito do mercado e, de modo geral, se moverá em direção oposta à do mercado. Suponhamos ainda que a taxa isenta de risco seja de 4%, e o prêmio de risco do mercado seja de 7%. Nesse caso, o retorno desejado = (-0,75 × 7%) + 4% = –1,25%. Esse número negativo implica que os investidores estariam dispostos a aceitar títulos que oferecessem um rendimento esperado de –1,25% (isto é, um prejuízo, em média), a fim de diminuir o risco total do portfólio. Esse simples exemplo numérico CAPM sustenta a ideia de cometer erros deliberados usando uma estrutura tradicional de racionalidade econômica.

Em suma, um portfólio pode ser criado, às vezes, para investir em projetos que esperamos ter retorno negativo, tanto no nível individual quanto no corporativo. Para um tomador de decisão com aversão ao risco, pode valer a pena colocar algum dinheiro em um projeto que se espere produzir um prejuízo, desde que esse investimento ofereça cobertura (hedge) suficiente caso outros investimentos não deem certo. Embora aquele projeto aparentemente inferior não aumente as expectativas de lucro, pode ajudar a reduzir os prejuízos, na hipótese de cenários ruins.

Da mesma forma, um erro intencional pode ser visto como uma cobertura contra a sabedoria convencional, erro este que terá um alto retorno quando a opinião da maioria por acaso estiver equivocada (mas, de outro modo, será um prejuízo, com toda a probabilidade).

Apêndice D
Como sua mente prega peças

Todos os termos que se seguem, do campo da psicologia cognitiva, referem-se a "peças" que sua mente prega. A maioria desses mecanismos – filtragem, inferência distorcida e reforço – lhe permite apegar-se tenazmente ao quadro dominante de sua mente. Reconhecer sua própria propensão a cair nessas armadilhas é uma maneira de garantir uma mente mais aberta, questionadora.

FILTRAGEM

Como observado com as cartas erradas, prestamos atenção, na verdade, ao que é determinado pelo que esperamos ver. Os psicólogos chamam isso de percepção seletiva. Se algo não se encaixa, com frequência distorcemos a realidade para adaptá-la a nosso modelo mental, em vez de desafiar nossos pressupostos fundamentais. Um fenômeno relacionado é a supressão, ou a recusa em reconhecer uma realidade desagradável, eis que é demasiadamente discordante. O exemplo extremo é o da avestruz enterrando a cabeça na areia ao ver o perigo, acreditando, assim, que a ameaça desaparecerá.

INFERÊNCIA DETURPADA

Qualquer informação que passe através de nossos filtros cognitivos e emocionais pode estar sujeita a uma distorção adicional. Uma tendência bem conhecida é a racionalização: interpretar provas de forma que sustente uma convicção desejada. Somos vítimas disso, por exemplo, ao tentar transferir a culpa de um erro que cometemos a outra pessoa ou a circunstâncias externas. A falta de realismo nos leva a ver o mundo apenas de um modo agradável, negando a sutil evidência da criança que está abusando das drogas ou do cônjuge que está sendo infiel. Outro viés comum de interpretação é o egocentrismo, segundo o qual exageramos nosso próprio papel nos eventos que procuramos explicar. Esse autoengrandecimento está relacionado com a tendenciosa atribuição fundamental que nos faz imputar mais importância às nossas próprias ações que às dos outros. Por exemplo, administradores podem ver sua organização como tendo um papel mais importante do que, na verdade, tem.

REFORÇO

Não só filtramos a limitada informação que nos chega, como também tendemos a reforçar nosso caso em busca de provas que apoiem nossa visão. Para isso, podemos falar desproporcionalmente com as pessoas que já concordam conosco. Esse insidioso viés de confirmação nos leva a desconsiderar evidências contrárias ao nosso ponto de vista. Com o tempo, nossas opiniões congelam e nossas atitudes endurecem, à medida que nos imunizamos contra evidências contraditórias. Na verdade, podemos até fazer uso da memória seletiva e esquecer os fatos inconvenientes que não se encaixam no quadro geral. O viés da retrospectiva também distorce nossas lembranças de modo que nossas dúvidas originais sejam apagadas. Assim, um círculo vicioso é criado e, nele, exacerbamos os vieses anteriores e ficamos presos em uma câmara de eco autosselante.

Notas

1 James Joyce, *Ulisses* (Alfaguara Brasil, 2008).

2 Para exemplos adicionais de engenharia de aprendizagem por erro, de pontes a projeção ótica, veja Henry Petroski, *Success Through Failure: The Paradox of Design* (Princeton, NJ: Princeton University Press, 2008).

3 Albert Einstein, "On the Electrodynamics of Moving Bodies", *Annalen der Physik* 17 (1905): 891-921. Este foi um dos quatro brilhantes artigos de Einstein publicado nesse *annus mirabilis*; veja **http://en.wikipedia.org/wiki/Annus_Mirabilis_papers**.

4 Hans Ohanian, *Os erros de Einstein* (Larousse do Brasil, 2009).

5 A ideia básica por trás de um programa Six Sigma é reduzir a variância, de modo que os defeitos de fabricação ou de serviço ocorram menos, até que finalmente sua frequência caia na cauda longa da distribuição de probabilidade, seis desvios-padrão (ou sigmas) de distância da média. Isso é ótimo se você quiser consistência, mas pode prejudicar a inovação, pois a criatividade se alimenta de valores atípicos; veja **http://www.businessweek.com/magazine/content/07_24/b4038406.htm**.

6 O campo da economia comportamental estava em sua infância e a psicologia de decisão apenas surgindo. Merton Miller, pioneiro da pesquisa de mercado eficiente, considerava a pesquisa de decisão comportamental um erro, um beco sem saída. Outros economistas importantes de Chicago, incluindo George Stigler, Gene Fama e Gary Becker, partilhavam desse sentimento. Tive o prazer de debater esses assuntos com eles. Minha crítica ao modelo racional pode ser encontrada em P.J.H. Schoemaker, "The Expected Utility Model: It Variants, Purposes, Evidence and Limitation", *Journal of Economic Literature* 20 (Junho de 1982): 529-63.

7 Por exemplo, Herbert Simon foi um pesquisador comportamental anterior, que recebeu o Prêmio Nobel de Economia em 1978, por seu trabalho pioneiro sobre tomada de decisão, teoria da organização, ciência da computação e inteligência artificial.

8 **http://www.sjdm.org/**; John Baron foi gentil o suficiente para fornecer informações sobre o número de associados.

9 Steven D. Levitt e Stephen J. Dubner, *Freakonomics* (Campus, 2007); Dan Ariely, *Previsivelmente irracional* (Campus, 2008); Richard H. Thaler e Cass R. Sunstein, *Nudge – O empurrão para a escolha certa* (Campus, 2008).

10 Cass Sunstein trabalha como chefe do Escritório de Assuntos de Informação e Regulamentação da Casa Branca da administração Obama. Richard Thaler tem sido conselheiro do Presidente Obama e de sua administração.

11 As citações dos Beatles são tiradas de Mark Lewisohn, *The Complete Beatles Chronicle* (Londres: Hamlyn, 2000).

12 Quando os Beatles lançaram "I Want to Hold Your Hand", em 26 de dezembro de 1963, o disco número um na parada de sucessos dos Estados Unidos foi o da irmã Sourire, de "Dominique".

13 Bill Harry, *The Beatles Encyclopedia*, ed. rev. (Londres: Virgin Publishing, 2001), 375.

14 Alan Mackay (org.), *The Harvest of a Quiet Eye: a Selection of Scientific Quotations* (Londres: Taylor & Francis, 1977).

15 Veja **http://www.utas.edu.au/docs/humsoc/kierkegaard/resources/**Kierkquotes.html.

16 Baruch Fischhoff e Ruth Beyth, "I Knew It Would Happen – Remebered Probabilities of Once-Future Things", *Organizational Behavior and Human Performance* 13 (1975):1-16. Para causas de viés de retrospectiva, veja Terry Connolly e Edward W. Bukszar, "Hindsight Bias: Self-Flattery or Cognotive Error?", *Journal of Behavioral Decision Making* 3 (1990): 205-11.

17 Veja **http://www.merriamwebster.com/dictionary/mistake?show= 1&t=1315568847**.

18 A necessidade de se sentir no controle é discutida em Ellen Langer, "The Illusion of Control", *Journal of Personality and Social Psychology* 32 (1975): 322-28. Shelley E. Taylor e Jonathon D. Brown oferecem uma perspectiva interessante sobre o valor positivo das ilusões em "Illusion and Well-Being: A Social Psychological Perspective on Mental Health", *Psychological Bulletin* 193, n. 2 (1988): 193-210. As relações entre ilusão de controle, falta de realismo e otimismo são sutis, como examinado em David V. Budescu e Meira Bruderman, "The Relationshhip Between the Iluusion of Control and the Desirability Bias", *Journal of Behavioral Decision Making* 8 (1995): 109-25.

19 Richard Kradin, *The Placebo Response and the Power of Unconscious Healing* (London: Routledge, 2008).

20 Veja **http://www.enotes.com/biz-encyclopedia/hawthorne-experiments**.

21 Robert Frost, *Mountain Interval*. Quinn & Boden Company (1916).

22 *The Speaker´s Electronic Reference Collection*, Software AAPEX, 1994.

23 Em geral, os atos de omissão (não escolher ou agir) são mais seguros do que os atos de comissão; veja Jonathan Barão e Ilana Ritov, "Reference Points and Omission Bias", *Organizational Behavior and Human Decision Process*, 59, n. 3 (Setembro de 1994): 475-98.

24 Veja **http://www.biographybase.com/biography/Fish_Stanley.html**.

25 Veja **http://thinkexist.com/quotes/soichiro_honda/**.

26 Veja **http://www.medleague.com/Articles/president/topquotes.htm**; **http://www.edisonmuckers.org/thomas-edison-lightbulb/**.

27 Chuck Salter, "Failure Doesn´t Suck", *Fast Company*, maio de 2007, 44.

28 Paul F. Lazarsfeld, "The American Soldier: An Expository Review", *Public Opinion Quarterly* 13 (1949): 377-404.

29 Scott O. Lilienfeld 29, Steven Jay Lynn, John Ruscio e Barry L.Beyerstein, *Os 50 Maiores Mitos da Psicologia* (Gente).

30 GJS Wilde, "Critical Issues in Risk homeostasis Theory", *Risk Analysis* 2, n. 4 (1982): 249-58.

31 Esses três exemplos são discutidos nos "101 Dumbest Moments in Business in 2007", da *Fortune*; para todos eles, veja **http://money.cnn.com/galleries/2007/fortune/0712/gallery.101_dumbest.fortune/index.html**.

32 Jena McGregor, "How Failure Breeds Success", *BusinessWeek*, julho 10, 2006, pp. 42-52.

33 Obituário de John R. Stallings Jr., *The New York Times*, 19 de janeiro de 2009.

34 Veja **http://www.innocenceproject.org/Content/162.php**.

35 Veja **http://select.nytimes.com/2007/07/23/us/23bar.html?_r=1&oref=Slogin**.

36 Gary L. Wells e Elizabeth F. Loftus (orgs.), *Eyewitness Testimony: Psychological Perspectives* (New York: Cambridge University Press, 1984). Veja também Eugene Winograd, "What You Should Know About Eyewitness Testimony", *Contemporary Psychology* 31, n. 5 (1986): 332-34.

37 A referência clássica sobre o pensamento de grupo é Irving Janis, *Groupthink: Psychological Studies of Policy Decisions and Fiascos*, 2ª ed. (New York: Houghton Mifflin, 1982). Para uma análise crítica do pensamento de grupo como modelo psicológico, consulte Won-Woo Park, "A Review of Research on Groupthink", *Journal of Behavioral Decision Making* 3, n. 4 (outubro-dezembro de 1990): 229-46.

38 Há vários outros exemplos, incluindo o alegado abuso sexual de crianças autistas nos infames julgamentos de Salem. Pais e professores foram acusados, vilipendiados e presos por um promotor demasiadamente zeloso. Especialistas em crianças obtiveram um testemunho incriminatório que, inadvertidamente, foi dado a crianças com autismo por meio de uma nova técnica de comunicação; veja Stephen J. Ceci e Maggie Bruck, "Suggestibility of the Child Witness: A Historical Review and Synthesis", *Psychological Bulletin* 113, n. 3 (maio de 1993): 403-39.

39 Kathryn Schulz, *Por que erramos?* (Larousse do Brasil, 2011).

40 Leon Festinger, *Theory of Cognitive Dissonance* (Palo Alto, CA: Stanford University Press, 1957).

41 Stanley Cohen, *States of Denial: Knowing about Atrocities and Suffering* (Cambridge, UK: Polity, 2001).

42 Jonah Lehrer, "Accept Defeat: The Neuroscience of Screwing Up", *Wired Magazine*, 21 de dezembro de 2009; Constance Holden, "Gene Variant May Influence How People Learn from Mistakes", *Science*, v. 318, 7 de dezembro de 2007, p. 1.539; Markus Ulsperger, "Minding Mistakes: How the Brain Monitors Errors and Learns from Goofs", *Scientific American*, 13 de agosto de 2008.

43 Thomas S. Kuhn, *Estrutura das revoluções científicas* (Perspectiva, 2010).

44 Daniel Kahneman, Paul Slovic e Amos Tversky (orgs.), *Judgment under Uncertanty Heuristics and Biases* (New York: Cambridge University Press, 1982).

45 J. Edward Russo e Paul Schoemaker JH, *Decisões vencedoras* (Campus/Elsevier, 2002).

46 O caso ERIC está descrito em *Managing Environmental Risk Through Insurance*, de Howard Kunreuther e Paulo Freeman (Dordrecht, Holanda: Kluwer Academic Publisher, 1997).

47 J.E. Russo e P.J.H. Schoemaker em "Managing Overconfidence", *Sloan Management Review*, Inverno de 1992, 7-18.

48 Alan M. Kantrow, *The Constraints of Corporate Tradition* (New York: Harper & Row, 1987).

49 Veja **http://www.famous-proverbs.com/Santayana_Quotes_2.htm**.

50 O clássico trabalho sobre ambiguidade é Daniel Ellsberg, "Risk, Ambiguity, and the Savage Axioms", *Quarterly Journal of Economics* 75 (1961): 643-69. Decisões com probabilidades desconhecidas foram estudadas por muitos, inclusive H. Einhorn e Hogarth R., "Decision Making Under Ambiguity", *Journal of Business* 59, n. 4, pt. 2 (1986): S225-55; M. Cohen, J. Jaffray e T. Said: "Individual

Behavior Under Risk and Under Undercertainty: An Experimental Study", *Theory and Decisions* 18 (1985): 203-28; Paul J.H. Schoemaker, "Choices Involving Uncertain Probabilities: Tests of Generalized Utility Models", *Journal of Economic and Organizational Behavior* 16 (1991): 295-317.

51 Robin M. Hogarth, *Educating Intuition* (Chicago: University Of Chicago Press, 2001); Gary Klein, *The Power of Intuition: How to Use Your Gut Feelings to Make Better Decisions at Work* (New York: Doubleday, 2004). Um livro popular sobre intuição, Malcolm Gladwell, *Blink: a decisão num piscar de olhos* (Rocco, 2005). Para uma análise crítica desse trabalho, veja R. S. Hogarth e P.J.H. Schoemaker, "Beyond Blink: A Challenge to Behavioral Decision Making", *Journal of Behavioral Decision Making* 18 (2005): 309-18.

52 Com frequência, o julgamento de grupos fica mais extremo do que esperaríamos das opiniões prévias de seus membros (conhecido como polarização), contanto que a maioria os apoie desde o início. Quando duas facções mais ou menos iguais existem, o grupo pode, na verdade, moderar pontos de vista extremos e chegar a uma posição menos extrema. Em outros momentos, os grupos podem deixar de pensar criticamente, como no conhecido paradoxo de Abilene: veja Kathleen M. Eisenhardt, Jean L. Kahwajy e L.J. Bourgeois III, "Conflict and Strategic Choice: How Top Management Teams Disagree", *California Management Review* 39, n. 2 (inverno de 1997).

53 O Corpo de Fuzileiros Navais dos Estados Unidos é conhecido por sua excelente formação em como aprender com os erros. Para um relato de primeira mão, veja Nathaniel C. Fick, *One Bullet Away: The Making of a Marine Officer* (Boston, MA: Houghton-Mifflin, 2005).

54 Robert Rosenthal e Lenore Jacobson, *Pigmalion in the Clasroom: Teacher Expectation and Pupil's Intellectual Development* (New York: Crown, 2003).

55 Oscar Wilde, *O leque de Lady Windermere* (Peça, 1892); veja **http://search.barnesandnoble.com/Lady-Windermeres-Fan/Oscar- Wilde/p/9781420925937**; e-book, 13 set 2011 Filiquarian Publishing.

56 Esses insights foram apresentados por Jesse Treu em uma conferência de administração na Wharton School sobre estratégias de portfólio, realizada na Filadélfia, em 12 de novembro de 2010, e organizada pela Mack Center for Technological Innovation.

57 Veja **http://www.answers.com/topic/helmuth-graf-von-moltke.**

58 Veja **http://en.wikipedia.org/wiki/Thomas_J._Watson**.

59 Maria Dahvana Headley, *The Year of Yes* (New York: Hyperion, 2007).

60 Veja **http://www.quotationspage.com/quote/29729.html.**

61 A literatura sobre excesso de confiança é extensa. Uma excelente discussão pode ser encontrada em Joshua Klayman, Jack-B Soll, Claudia Gonzalez-Vallejo e Sema Barlas, "Overconfidence: It Depends on How, What, and Whom You Ask", *Organizational Behavior and Human Decision Processe* 79, n. 3 (setembro de 1999), 216-47.

62 Robert Rosenthal e Kermit L. Fode, "The Effect of Experimenter Bias on the Performance of the Albino Rat", *Behavioral Science 8*, n. 3 (1963): 183-89.

63 Robin M. Hogarth e Emre Soyer, "Sequentially Simulated outcomes: Kind Experience *versus* Nontransparent Description", *Journal of Experimental Psychology* 140, n. 3 (agosto de 2011): 434-63.

64 Karl Popper, *A lógica da pesquisa científica* (Cultrix, 2000). A análise de Popper da assimetria lógica entre verificação e falseabilidade está no cerne de sua filosofia da ciência.

65 Para o experimento 2-4-6 original, veja P.C. Wason, "On the Failure to Eliminate Hypotheses in a Conceptual Task", *Quarterly Journal of Expderimental Psychology* 12 (1960): 129-40; discussão adicional pode ser encontrada em Jonathan Baron, *Thinking and Deciding*, 3ª ed. (New York: Cambridge University Press, 2000).

66 Uma análise penetrante do viés à evidência confirmatória foi apresentada por Joshua Klayman e Young-Won Ha, "Confirmation, Disconfirmation and Information in Hypothesis Testing", Psychological Review 94, n. 2 (1987): 211-28. Klayman e Ha dizem que saber se desconfirmação ou confirmação é o que mais se encaixa depende, de formas complexas, do tipo de tarefa a se enfrentar; veja também Joshua Klayman, "Varieties of Confirmation Bias", Decision Making from a Cognitive Perspective, editado por Jerome Busemeyer, Reid Hastie e Douglas L. Medin (New York: Academic Press [Psychology of Learning and Motivation, v. 32], 1995), 365-418.

67 "Thomas J. Watson Sr., "Manager's Book of Quotations", editado por Lewis D. Eigen e Jonathan P. Siegel.

68 A C.F. Hathaway Company fez camisas de uniforme para soldados da União durante a Guerra Civil Americana. Tornou-se famosa por sua campanha publicitária "o homem do tapa-olho", criada pela Ogilvy & Mather em 1951. Para saber mais sobre a abordagem de publicidade de David Ogilvy, veja sua autobiografia Ogilvy on Advertising (Vintage Books, 1985) ou seu livro anterior Confessions of an Advertising Man (Ballantine Books, 1963).

69 Baseado em uma entrevista de Michael Schrage (*schrage@media.mit.edu*), codiretor do MIT Media Lab's e-Markets Initiative; veja também Daniel Kahneman, *Rápido e devagar* (Objetiva, 2012).

70 Leitores inclinados à filosofia notarão um problema de regressão infinita à espreita aqui, já que defino um erro deliberado como uma ação imprudente no nível *n* do pensamento dominante mas inteligente em um nível superior n + 1. Deixarei aos psicólogos cognitivos a tarefa de descobrir quantos níveis de pensamento de fato existem, mas a resposta parece ser, pelo menos, dois.

71 Esses métodos, assim como os outros apresentados na Figura 5-1, são explicados no Apêndice de meu livro *Profiting from Uncertainty* (New York: Free Press, 2001); veja também Hugh Courtney, *Previsão 20/20* (Cultrix, 2004).

72 Avinash K. Dixit 72 e R.S. Pindyck, "The Options Approach to Capital Investment", *Harvard Business Review*, maio-junho de 1995, 105-15; Ian C. MacMillan e Rita Gunther McGrath, "Crafting R&D Project Portfolios", *Research Technology Management*, setembro-outubro de 2002, 48-59.

73 Larry Huston e Nabil Sakkab, "Connect and Develop: Inside Procter & Gambler's New Model for Innovation", *Harvard Business Review*, março de 2006, 58-66.

74 Rita Gunther McGrath e Ian C. MacMillan, "Discovery Driven Planning", *Harvard Business Review* (julho de 1995); veja também Andrew Lainsbury, *Once Upon an American Dream: The Story of Euro Disneyland* (Lawrence, KS: University Press of Kansas, 2000).

[75] Clayton Christensen, *O dilema da inovação* (M. Books, 2011).

[76] O termo "skunk works" é amplamente utilizado nos negócios e nas áreas técnicas para descrever um projeto ou um grupo dentro de uma organização a que foi atribuído alto grau de autonomia, livre de burocracia, enquanto incumbido de trabalhar em projetos avançados ou secretos; veja **http://en.wikipedia.org/wiki/Skunk_Works**.

[77] Alina Tugend, *Sem medo de errar* (Zahar, 2012).

[78] "Sci-fi Writers Join War on Terror", *USA Today*, 30 de maio de 2007; uma abordagem de imaginação semelhante, usando documentos de fantasia, é defendida por organizações e pelo governo no livro de Lee Clarke, *Mission Improbable: Using Fantasy Documents to Tame Disasters* (Chicago, IL: University of Chicago Press, 1992).

[79] Veja **http://www.special-dictionary.com/proverbs/keywords/depth/**.

[80] Amos Tversky e Daniel Kahneman, "The Framing of Decisions and the Psychology of Choice", *Science* 211 (1981): 453-458.

[81] Veja **http://www.defcon.org/**.

[82] Donald F. Klein, "The Loss of Serendipity in Psychopharmacology", *Journal of the American Medical Association*, 5 de março de 2008, v. 299, n.9, pp. 1.063-1.065.

[83] George Day, "Is It Real? Can We Win? Is It Worth Doing? Managing Risk and Reward in an Innovation Portfolio", *Harvard Business Review*, dezembro de 2007.

[84] John Morgan e Richard Wang, "Tournaments for Ideas", *California Management Review* 52, n. 2 (inverno de 2010): 77-97.

[85] Christian Terwiesch e Karl Ulrich, *Innovation Tournaments: Creating and Selecting Exceptional Opportunities* (Cambridge, MA: Harvard Business School Press, 2009).

[86] Veja **http://www.nndb.com/people/348/000129958/**.

[87] Veja **http://www.brainyquote.com/quotes/quotes/l/louispaste134068.html**.

[88] Arthur Koestler, *Janus* (Calmann, 1979); James L. Adams, *Conceptual Blockbusting* (Reading, MA: Addison Wesley Longman, 1986), Edward de Bono, *O pensamento lateral* (Nova Era, 1995); Robert Lawrence Kuhn (org.), *Handbook for Creative and Innovative Managers* (New York: McGraw-Hill, 1987), Jane Henry (org.), *Creative Management* (Thousand Oaks, CA: Sage Publications, 1991).

[89] W. H. Hughes, *Alexander Fleming and Penicillin* (Londres: Priority, 1974).

[90] Robert S. Root-Bernstein, "How Scientists Really Think", *Perspectives in Biology and Medicine* 32, n. 4 (verão de 1989): 472-488.

[91] Ibid.

[92] Outros exemplos médicos bastante conhecidos incluem o achado de que a infecção por varíola bovina pode oferecer imunidade à varíola e de que suco de limão pode tratar escorbuto, ou a descoberta da vitamina B_{12} devido ao tratamento de anemia com bife de fígado.

[93] George S. Day e Paul J. H. Schoemaker, *Visão periférica: como perceber os indícios* (Bookman, 2007).

[94] Roberta Wohlstetter, *Pearl Harbor: Warning and Decisions* (Stanford, CA: Stanford University Press, 1962), Gordon Prang, *At Dawn We Slept* (New York: Penguin Books, 1981).

95 Mais especificamente, Kant disse que percepções sem concepções são cegas, enquanto concepções sem percepções são vazias; veja **http://www.bartleby.com/60/144.html**.

96 Jerome S. Bruner e Leo Postman, "On the Perception of Incongruity: A Paradigm", *Journal of Personality*, 1949, 18, 206-223.

97 Um clássico tratamento filosófico de diferentes abordagens para coleta e interpretação de informações é *The Design of Inquiring Systems*, de C. West Churchman (New York: Basic Books, 1971).

98 Paul J. H. Schoemaker, "Scenario Planning: A Tool for Strategic Thinking", *Sloan Management Review* (inverno de 1995), 25-40. Para livros de planejamento de cenário com aplicações práticas, veja P. Schwartz, *Art of the Long View* (Nova York: Doubleday, 1991); Kees van der Heijden, *Scenarios: The Art of Strategic Conversation* (New York: John Wiley, 1996); Gill Ringland, *Scenario Planning* (New York: John Wiley, 1998); Liam Fahey e Robert Randall (orgs.), *Learning from the Future* (New York: John Wiley, 1998); Paul J. H. Schoemaker, *Profiting from Uncertainty* (New York: Free Press, 2001).

99 Para mais detalhes, veja P. J. H. Schoemaker e G. S. Day, "How to Make Sense of Weak Signals", *MIT Sloan Management Review* 50, n. 3 (primavera de 2009): 81-89.

100 Essa descoberta acidental me foi contada pelo Dr. Hans Vemer, quando ele era presidente da Organon International, que fazia parte da Akzo-Nobel. Desde então, a Organon foi vendida para a Schering Plough. A indústria farmacêutica está repleta dessas descobertas acidentais, da penicilina ao Viagra, como narrado em Morton A. Meyers, *Happy Accidents* (New York: Arcade Publishing, Inc., 2007).

101 Veja **http://www.brainyquote.com/quotes/quotes/v/vincentvan389704.html.**

102 Veja **http://news.stanford.edu/news/2005/june15/jobs-061505.html.**

103 Alexander Pope, "An Essay on Criticism".

104 Veja **http://forums.randi.org/showthread.php?t=111147.**

105 Para exemplos de outras empresas que aprendem com os erros, veja John C. Maxwell, *Failing Forward: Turning Mistakes into Stepping Stones for Success* (New York: Thomas Nelson, 2007).

106 Citação de uma entrevista em abril de 2011, no *Harvard Business Review*. O número todo foi dedicado a explorar o papel do fracasso nas empresas e oferece exemplos marcantes de CEOs inteligentes reconhecendo que é possível aprender mais com o fracasso do que com o sucesso.

107 Veja "Top Pros Who Never Had a Lesson", **http://online.wsj.com/article/SB10001424052748703730804576321120772595378.html**.

108 W. Chan Kim e Renée Mauborgne, *A estratégia do oceano azul* (Campus, 2005).

109 Sharon Begley, "In Physics, Big Errors Can Get the Ball Rolling toward Big Discoveries", *Wall Street Journal*, 3 de setembro de 2004.

110 Veja **http://www.cbsnews.com/stories/2010/12/29/60minutes/main7195058_page5.shtml.**

111 Veja **http://www.jazzwest.com/articles/improv_1.html.**

112 *The Speaker's Electronic Reference Collection*, Software AAPEX, 1994.

113 James Joyce, *Ulisses* (Alfaguara, 2008).

[114] Obituário de Fritz Bach, *The New York Times*, 18 de agosto de 2011.

[115] História relatada por David Tanner em seu livro *Total Creativity in Business and Industry* (Des Moines, IA: Advance Practical Thinking, 1997) e recontada por Charles W. Prather, "Use Mistakes to Foster Innovation", *Research Technology Management*, 51, n. 2 (2008).

[116] Para detalhes, veja *Decision Analysis: Introductory Lectures on Choices Under Uncertainty* de Howard Raiffa (Reading, MA: Addison- Wesley, 1968), Paul Kleindorfer, Howard Kunreuther e Paul J. H. Schoemaker, *Decision Sciences: An Integrative Perspective* (Cambridge: Cambridge University Press, 1993), Ralph Keeney, *Value-Focused Thinking* (Cambridge, MA: Harvard University Press, 1992).

[117] Harry M. Markowitz, *Portfolio Selection: Efficient Diversification of Investments* (New York: John Wiley & Sons, 1959), **http://cowles.econ.yale.edu/P/cm/m16/index.htm**.

[118] Especificamente, o Prêmio Nobel foi atribuído a Harry Markowitz pelo desenvolvimento da teoria da escolha do portfólio; William Sharpe, por suas contribuições à teoria da formação de preços para ativos financeiros, o chamado *Capital Asset Pricing Model* (CAPM); e Merton Miller, por suas contribuições fundamentais à teoria das finanças corporativas.

[119] Os pressupostos subjacentes ao Capital Asset Pricing Model já foram desafiados tanto nos fundamentos conceituais quanto nos empíricos. Em consequência, os modelos de financiamento foram ampliados e modificados; veja Gregory Connor, Lisa Goldberg e Robert Korajczyk, *Portfolio Risk Analysis* (Princeton, NJ: Princeton University Press, 2010).

Índice

D

E

nosso trabalho para atendê-lo(la) melhor e aos outros leitores.
Por favor, preencha o formulário abaixo e envie pelos correios ou acesse www.elsevier.com.br/cartaoresposta. Agradecemos sua colaboração.

Seu nome: ______________________________

Sexo: ☐ Feminino ☐ Masculino CPF: ______________

Endereço: ______________________________

E-mail: ______________________________

Curso ou Profissão: ______________________________

Ano/Período em que estuda: ______________________________

Livro adquirido e autor: ______________________________

Como conheceu o livro?

☐ Mala direta
☐ E-mail da Campus/Elsevier
☐ Recomendação de amigo
☐ Anúncio (onde?) ______________
☐ Recomendação de professor
☐ Site (qual?) ______________
☐ Resenha em jornal, revista ou blog
☐ Evento (qual?) ______________
☐ Outros (quais?) ______________

Onde costuma comprar livros?

☐ Internet. Quais sites? ______________________________
☐ Livrarias ☐ Feiras e eventos ☐ Mala direta

☐ Quero receber informações e ofertas especiais sobre livros da Campus/Elsevier e Parceiros.

Siga-nos no twitter @CampusElsevier

ELSEVIER

SAC ELSEVIER | 0800 026 53 40 | sac@elsevier.com.br

Cartão Resposta
050120048-7/2003-DR/RJ
Elsevier Editora Ltda
CORREIOS

CARTÃO RESPOSTA
Não é necessário selar

O SELO SERÁ PAGO POR
Elsevier Editora Ltda

20299-999 - Rio de Janeiro - RJ

Qual(is) o(s) conteúdo(s) de seu interesse?

Concursos

☐ Administração Pública e Orçamento ☐ Arquivologia ☐ Atualidades ☐ Ciências Exatas ☐ Contabilidade ☐ Direito e Legislação
☐ Economia ☐ Educação Física ☐ Engenharia ☐ Física ☐ Gestão de Pessoas ☐ Informática ☐ Língua Portuguesa
☐ Línguas Estrangeiras ☐ Saúde ☐ Sistema Financeiro e Bancário ☐ Técnicas de Estudo e Motivação ☐ Todas as Áreas
☐ Outros (quais?) ____________________

Educação & Referência

☐ Comportamento ☐ Desenvolvimento Sustentável ☐ Dicionários e Enciclopédias ☐ Divulgação Científica ☐ Educação Familiar
☐ Finanças Pessoais ☐ Idiomas ☐ Interesse Geral ☐ Motivação ☐ Qualidade de Vida ☐ Sociedade e Política

Jurídicos

☐ Direito e Processo do Trabalho/Previdenciário ☐ Direito Processual Civil ☐ Direito e Processo Penal ☐ Direito Administrativo ☐ Direito Constitucional
☐ Direito Civil ☐ Direito Empresarial ☐ Direito Econômico e Concorrencial ☐ Direito do Consumidor ☐ Linguagem Jurídica/Argumentação/Monografia
☐ Direito Ambiental ☐ Filosofia e Teoria do Direito/Ética ☐ Direito Internacional ☐ História e Introdução ao Direito ☐ Sociologia Jurídica
☐ Todas as Áreas

Media Technology

☐ Animação e Computação Gráfica ☐ Áudio ☐ Filme e Vídeo ☐ Fotografia ☐ Jogos ☐ Multimídia e Web

Negócios

☐ Administração/Gestão Empresarial ☐ Biografias ☐ Carreira e Liderança Empresariais ☐ E-business
☐ Estratégia ☐ Light Business ☐ Marketing/Vendas ☐ RH/Gestão de Pessoas ☐ Tecnologia

Universitários

☐ Administração ☐ Ciências Políticas ☐ Computação ☐ Comunicação ☐ Economia ☐ Engenharia
☐ Estatística ☐ Finanças ☐ Física ☐ História ☐ Psicologia ☐ Relações Internacionais ☐ Turismo

Áreas da Saúde ☐

Outras áreas (quais?): ____________________

Tem algum comentário sobre este livro que deseja compartilhar conosco?

____

Atenção:

Este livro foi impresso nas oficinas gráficas da Editora Vozes Ltda.,
Rua Frei Luís, 100 – Petrópolis, RJ.